中華民國十七年一月

歷城縣鄉土調查錄

歷城縣實業局印行

歷城縣鄉土調查錄序

歷邑爲山東省會之地控南北之要扼水陸之衝居斯土者愛之深矣而叩以地勢之狀況戶口之多寡疆域之沿革風俗之良窳教育之興廢里道之寬袤物產之盈虛則茫然莫解也即詢之地方士紳大夫關懷桑梓能指陳應興應革者亦十無一二焉自民國八年秋同邑張公文貞議設局續修邑乘職方得以不墮迄十五年冬告成余曾預約得首先檢閱其凡例所載僅至宣統三年爲止所有民國十五年來之典章文物社會狀況均付闕如同學輩慨志書詳古畧今重詩文棄事實卷帙既繁價値又昂非一般人所能購閱囑余調查民國以來歷城簡

詧地志付諸手民以補續修縣志之不及寧非快事余何人斯敢負此職辭不獲已乃就十四年山東省長公署通令調查鄉土方式爲藍本而增加門類定名爲歷城縣鄉土調查錄從事編輯十六年秋末而稿成茲謀付刊乃記數語以誌簡端

中華民國十六年丙寅十月孫寶生序於歷城縣實業局

歷城縣鄉土調查錄例言

（一）本書調查縣境內最近鄉土狀況誌載務取正確敍述力求簡明俾閱者易於瞭然

（一）民國以來政治改革文物變更與前清迥異所有記載均以現行名稱爲準

（一）本書爲分三編第一編記概況第二編記政務統計第三編結論所載事實以民國十六年底爲止

（一）本書主旨務在紀實所有項目以民國十四年山東省長公署通令爲藍本而增加門類分爲章節以成書體

（一）縣境內所屬面積未經實測所附地圖以山東自治區域開方圖照舊付印其錯訛處固屬甚多實無法以資改正

（一）人口數目以民國十五年清鄉調查爲準

（一）田畝賦稅數目均依縣公署最近檔案

（一）敎育警察實業交通宗敎各項均係從新調查

（一）古蹟山川金石等類以參考舊縣志與現時情狀考正列入

（一）政務統計以現在實況爲準

（一）本書校繕更易四次多由本局勸業員劉福田姜式煜二君補助辦理余所感謝

（一）本書調查有考正失實或未詳盡之處祈

閱者諒之是幸

孫寶生識

歷城縣鄉土調查錄目次

歷城縣鄉土調查錄目綠

地方財政管理員譚星五

警察所所長金幼軍

教育局主任董事柳愼之

城區區董陳仲軒

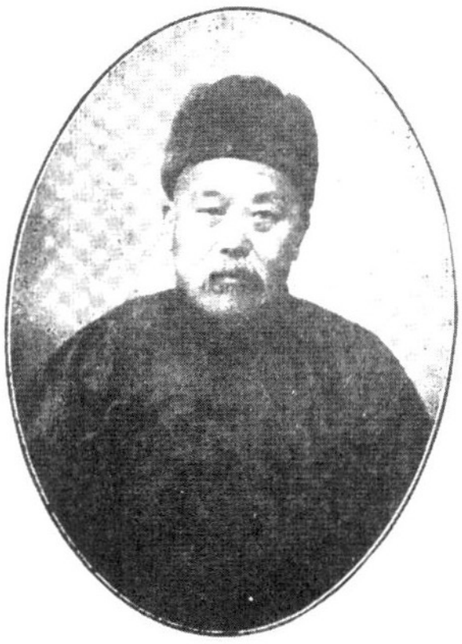

城區副區董張普清

自治籌備處處長柴傑卿

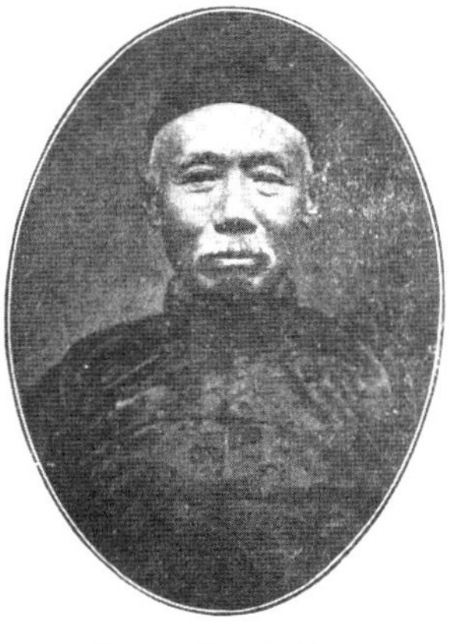

洛口鄉區董張介臣

馬家鄉區董王春浦

董家鄉區董季箴農

泉路鄉區董張河清

東梧鄉區董田幹臣

清寧鄉區董楊敬臣

党家鄉區董王吉人

終公鄉區董劉文卿

老僧口鄉區董婁文軒

邵而鄉區董陳殿三

張馬鄉區董張吉菴

遙墻鄉區董周玉芝

實業局氣候觀測員孫傑

實業局苗圃管理員張孝懋

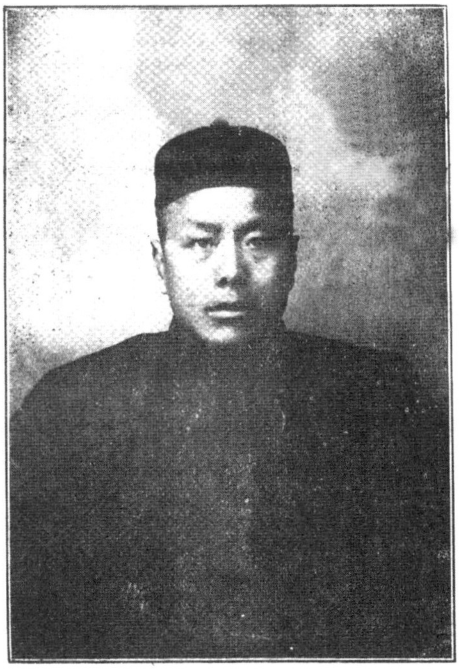

歷城縣實業局局長孫珍庭

實業局勸業員賈揆

實業局勸業員劉福田

實業局勸業員姜式煜

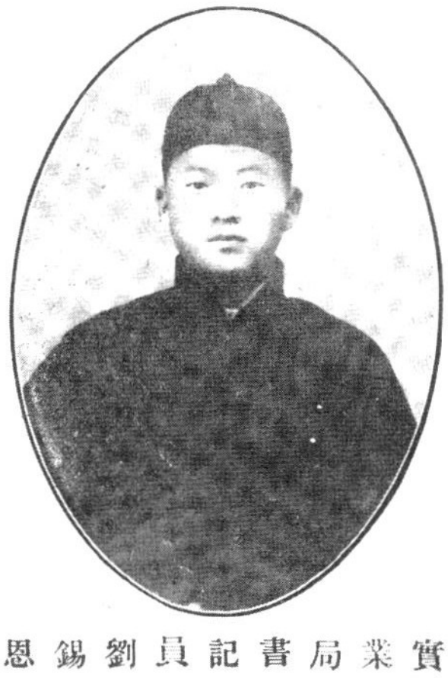

實業局書記員劉錫恩

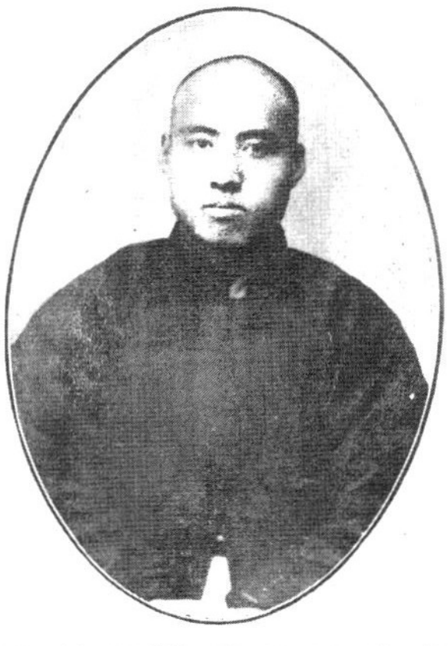

實業局事務員賈廷珠

歷城縣鄉土調查錄

第一編　地方概況

第一章　概要

第一節　方域

一沿革　周譚國戰國齊歷下邑漢爲東平陵縣屬濟南郡後漢屬濟南國晋爲濟南郡治隋爲齊郡治唐爲齊州治五代因之宋爲濟南郡興德節度治金山東東路濟南府治元爲濟南路治明清皆爲濟南府治民國成立初爲岱北道治繼改爲濟南道治

二面積　歷城地居省城交通便利工商發達全境地形南北爲長方形東西凸凹西北隅有突出之角東西一百一十里南北一百五十里面積爲一萬二千五百方里

三四境　東至章邱縣境九十五里西至長清縣境二十五里西北至齊河縣境四十里南至泰安縣境一百一十里東南至萊蕪縣九十里北至濟陽縣境六十里

四地勢　域內大勢良好山水約占十分四七田地約占十分之五三南部傍山北部臨水全部南境高而狹北部低而廣

五氣候　氣候乾燥常年雨量較少其寒暖度在盛夏極熱時當華氏表九十六七度上下在嚴冬極寒時在三十三四度左右

六居民　居民稠密全縣爲十四萬二千二百五十三戶人口男三十一萬七千二百女二十七萬八千四百八十六共計五十九萬五千六百八十六人口

第二節　土地

一土質之種類及肥瘠　可耕之地爲一萬三千一百餘頃稻田一千餘畝沙地一千三百餘畝境內土質東西兩部爲大平原地質壤土土性膏腴南及東南並西南諸部山嶺起伏河流灡漫土質概含有石灰性較爲瘠磽東北部則地勢頗低含有鹻性土北及西北部則多有沙塗除天然不毛之地外其稍含土質者僅用以種落花生甘藷而已

二土地價格　土地之價格常以土地之位置及肥瘠人民之貧富及歲月之豐歉爲轉移恒無一定之標準歷城城區及商埠地域內每官畝一千數百元左右四鄉作物地畝概分三等上等每官畝一百二十元上下中等八九十元上下下等則五六十元不等但東鄉習慣均係按六百步合算北鄉則按三百六十步上列價格乃每官畝平均數耳

三荒地　境內並無荒地沿黃河以北地方含有沙土天然不毛之地約有一千三百餘畝其餘零星荒地不可勝計

第三節　山脈

一山之名稱及位置　本縣南部山巒起灞伏漫全部山勢連接泰安萊蕪長清章邱四縣不勝記載今擇其著名者詳列於下

一、茂陵山　在城東八里姚家莊西北有五峯又名五頂山

二、鮑山　在城東三十里王舍人莊東

三、荆山　在縣東南七里許開元寺附近

四、大佛山　一名佛慧山又名大佛頭山在荆山之東山上有石佛頭像民國十三年建殿邑人張英麟題大雄寶殿四字頗爲壯麗爲歷邑名勝之一

五、猥毛山　在縣東南七里大佛山之北

六、龍洞山　在縣東南三十里一名禹登山上有東西二洞西洞深里許秉火方可入洞內上端爲鐘乳石所構成東洞在萬仞絕壁上邑人柳文洙鐫書壁立千仞四字爲歷城名勝之一

七、青頭山　在縣東南五十里中宮鄉東梧鄉交界一帶

八、屏風山　在縣東南八十里柳埠以東連接琨瑞山

九、梯子山　在縣東南八十里東梧鄉紅泉峪一帶山右有澗曰雲梯錦繡川之源也

十、燕翅山　在縣東南六里馬家莊南現爲山東大學農科演習林塲

十一、蓮花山　在縣東南四十里石河嶺一帶

十二、歷山　一名舜耕山又名千佛山在縣南五里古有舜祠隋開皇時建寺於上爲歷城名勝之一

十三、黃石崖　在千佛山南造像甚多

十四、玉凾山　又名興隆山在縣南二十里興隆莊附近一名臥佛山上有碧霞元君臥像故名南有蕊珠泉山東北有花山峪爲歷下名勝之一

十五、仙台山　在縣南四十里鳳凰莊南

十六、石固寨　在縣南五十里邵而鄉岳而莊附近南有鳳凰山東有虎山西有丁公嶺

十七、紅山　在縣南五十里中宮鎮

十八、扶山　在縣南六十里一名南扶山有子房洞深數里下有地河好奇者探有水聲云

十九、琨瑞山　一名金輿山又名金驢山在縣南八十里柳埠以東延長十五里至東梧鄉

二十、臥虎山　在縣南五十里中宮鎮西

二十一、黃臺山　在縣北八里黃台橋北

二十二、鵲山　在縣北十五里洛口鎮黃河北岸

二十三、標山　在縣北五里爲赴洛口大道之要道

二十四、鳳凰山　在縣北五里標山之東相毗連

二十五、華不注山　在縣東北十五里一名華山黃台橋北戰國齊晋戰於鞌齊師敗績晋逐齊侯三周華不注

二十六、九里山　在縣東北八里權府莊正北相傳韓信破齊駐軍於此

二十七、臥牛山　在縣東北十五里洪家園莊

二十八、虞山　在縣東北五十里郭店之北山頭莊

二十九、驢山　在縣東北山華之北二里許山不高形如驢故名曰驢山

三十、匡山　在縣西北二十里爲歷城長清交界

三十一、藥山　在縣西北十三里洛口鎮之西

三十二、粟山　在縣西北九里人和莊附近

三十三、無影山　在縣西北八里黃家屯之西北

三十四、金牛山　在縣西北十里藥山之南現劃爲北商埠公園

三十五、馬鞍山　在縣西北十二里藥山之南現劃爲北商埠公園

三十六、黃崗山　在縣西北十八里匡山之東

三十七、龍山　在縣西南十五里王官莊南

三十八、四里山　在縣四南四里陳家莊南

三十九、馬鞍山　在縣西南五里王家莊南

四十、銅羅山　在縣西二十二里小楊家莊南

四十一、臥狼山　在縣西南十五里許龍窩莊村東上有馬武寨相傳馬武設寨於此

四十二、甲山　一名雙尖山在縣西南二十里展之東

四十三、黃山　在西南七十里歷城長淸交界處

四十四、白馬山　在縣西二十里井家溝西

四十五、奎山　在縣西南二十里岳而莊東

四十六、渴馬崖　在縣西南六十里西渴馬莊

四十七、東黃井山　在縣西七十里

四十八、完備山　在縣西南二十五里岳而莊西

四十九、石房峪　在縣西南二十里文莊東有眞武洞

二山之土質及森林之有無　山之土質概含有細砂爲稍肥沃之地大半居民多種果實樹或開墾土地種植作物近來已知造林城區附近之山如千佛山爲省城各學校植樹節舉行典禮之公有林雁翅山四里山爲山東大學農科林場馬鞍山長城嶺一嶺爲濟南森林局林場而居民造林者接踵而起焉

第四節　河流

一河名　黃河爲河之大者歷水小淸河七里河礦村河壩子河韓倉河神武河濼水錦繡川玉水

錦雲川柳塘河亦皆著名其他如武原水巨合水關盧水分流境內

二河之水源及流域

一、黃河　在縣北自齊河丁家道口入境東流經藥山濼口鎭鵲山南華山北至碾頭鎭又東經刑家渡河套圈又東經淸河寺至任家岸入濟陽界

二、歷水　在城內歷祠下泉源競發其水北流經城東又北行爲流杯池分爲二水右水北出左水西經城西北爲陂與濼水合

三、小淸河　由東流水出海晏門有滾水壩閘劉家橋閘至黃台橋又東北爲黃香店又爲洪園南岸有村礦村河相會又東爲沙河又爲壩子屯南岸後有韓倉河流入又東爲鴨旺口又東北爲太平莊又十九里爲神武莊迤入章邱境約共長八十二里

四、七里河　在縣東發源煙霞嶺北經轉山西又西北經茂陵山東納一百尺澗水西入於濼

五、礦村河　在縣東發源白雲山南經白雲山西右納朝陽洞水經八澗舖西又北入小淸河

六、壩子河　發源黑龍峪東北經白雲山鮑山西又北經王舍人莊東朱家莊東經壩北入小淸河

七、韓倉河　發源桃花嶺西北經蓮花山和山經韓倉莊西又北經曲家莊會白泉經壩子西入小清河

八、神武河　源出大澗嶺北東北流經郭店東又東北入小清河

九、濼　水　在縣西門外源出瀑流泉卽趵突泉循城而北右會大明湖水又東會黑虎泉水又東北至黃家橋復分流而西經黃台山南右納七里河水又東北納礦村河水注濟水故道所謂小清河也

十、錦繡川　源出梯子山雲梯澗西北流經南蔣家于莊北經赤草嶺又西入於玉水

十一、玉水　今名錦陽川源出長城嶺仙龍潭西經柳埠又西經摩天嶺又西北會錦繡川嘔山西入長清縣爲豐齊河

十二、錦雲川　一名西川發源長城嶺嶺陰西北流折至核桃圈又北經扶山西方山又西北至尹家莊左會南道溝水又西北出東西羅家圍間東北流入玉水

十三、柳塘河　源出玉函山其出玉函山東北者流經玉函山北爲十六里河又西北經奎山爲十里河其出玉函山東南流出玉函山南爲大澗溝又西北經北仙嶺又西北經龍窩白馬

山總會於匡山又分爲二水一東北流自黃崗北經欒山前入灤一東北流爲柳塘河折而西會長清獵山西之水由傅家溝入大清河

十四、武原水　自章邱縣入境西北流經龍山東權莊南芽莊北又西北入關盧水

十五、關盧水　自章邱入境西北流經龍山南牛莊至龍山鎮東南右納武原水又西北流在龍山鎮東北與巨合水會土人謂之龍山河

十六、巨合水　自章邱縣入境北流經講書院抬頭河莊至龍山鎮西又東北與關盧水武原水合又西北爲全節河又西經城子莊至鴨旺口入小清河

十七、茶臼河　在城南八十里源出袁洪峪及冰泉流入錦陽川

十八、玉帶河　玉帶河有二均在城內一在督辦公署內一在府文廟內

三湖

一、大明湖　在城內西北隅占全城之三分之一源出舜泉湖心有歷下亭各專祠分建湖岸極盡名勝

二、濯纓泉　本名灰泉在督辦公署內周廣數畝爲珍珠散水硃砂溪亭諸泉之總匯

三、鵲山湖　舊傳在鵲山南今則莽然不知所在矣

四、蓮子湖　在縣城北六里許何家莊之北周圍二十里湖中多蓮故名

五、白雲湖　在縣東北七十里介本縣老僧口鄉東北部於章邱之間歷城占湖之七章邱占湖之三產生蘆葦甚多

六、張馬湖　在縣東二十里張馬屯一帶產生稻米最有名

七、景陽湖　在縣東二十五里冷水溝西北

四洲

一、百花洲　在城內大明湖南鵲華橋南百花橋北周方二十畝夏季蓮花甚盛

五灣

一、廻龍灣　在督辦公署珍珠泉北

六潭

一、五龍潭　在縣西關外山東醫院舊爲唐胡國公秦瓊故宅遺址

七池

一、江家池　在西關外卽天鏡泉

二、華筆池　在城內省長公署內

八名泉　歷城名泉七十二齊乘據元于欽名泉碑所載宋時尚無七十二泉之稱齊乘所載與漱六山房文集所列泉名亦互有不同以現時調查已多有不考其地址者此外尚有數泉似未便湮沒一併錄後以供參考茲按漱六山房所列錄下

歷城七十二泉

一、趵突泉　在城西南呂祖殿前三竇並發浪跳躍尺許故名俗名又稱三股水為名勝之一

二、珍珠泉　珍珠泉有二一曰北珍珠在山東督辦公署平地湧泉錯落如珠一曰南珍珠在南門外迤東關帝廟下崖甃石為池泉湧如串珠光奪人目

三、都泉　在中宮鎮東南皇姑寺或謂卽突泉莊之突泉係訛稱

四、白泉　在東鄉王舍人莊北灘頭莊南

五、響泉　在中宮鄉南高而莊南交戰嶺

六、懸泉　在中宮鎮東

七、温泉　又名古温泉在西門外東流水南首

八、冷泉　在白泉南

九、硃砂泉　在督辦公署內珍珠泉西

十、胭脂泉　在東梧鄉玉泉寺嶺前

十一、染池泉　在神通寺龍門泉東

十二、林汲泉　在城東南佛峪釣臺下

十三、白雲泉　在督辦公署珍珠泉西北

十四、甘露泉　在城東南開元寺內

十五、當道泉　在城東北三十里梁莊

十六、龍門泉　在中宮鎮東龍門莊神通寺東

十七、溪亭泉　在督辦公署內珍珠泉東

十八、菩薩泉　在中宮鎮東南菩薩菴下崖

十九、杜康泉　在南門外後營坊下崖又有人謂在舜祠西廡係杜康惟今失考

二十、孝感泉　在城內太平寺街太平寺門前

二十一、舜泉　又名舜井在城內南門裡舜井街

二十二、雙忠泉　在城在雙忠祠街雙忠祠內

二十三、賢清泉　在西關東流水仙靈池北一名懸清泉又名三娘子灣

二十四、獨孤泉　在縣東南九十餘里天麻嶺下與泰安交界

二十五、簀姑泉　在大佛寺北山頂

二十六、羅姑泉　在城內縣東巷中間路東與縣署東牆根對

二十七、馬跑泉　在縣城外馬跑泉街關帝廟內

二十八、鹿跑泉　在中宮鎮東南都泉東北

二十九、白龍泉　在縣東南龍洞聖壽院金沙泉西北

三十、騰蛟泉　在城內起鳳橋中間魏家胡同北口

三十一、虎泉　失考

三十二、金虎泉　在黑虎泉正西今失考或謂即在護城河北岸勝紹公司院內亦有謂在范

氏花園者

三十三、黑虎泉　在縣城南門外邊壁街女子小學校內

三十四、白虎泉　在縣南大佛山開元寺內

三十五、花泉　在縣東二十里張馬湖內惟不指其舊處

三十六、草水泉　失考

三十七、芙蓉泉　在城內芙蓉街日華公司後院

三十八、髙苣泉　在柳埠東南哀洪峪內

三十九、黄華泉　在趵突泉東

四十、　柳絮泉　在金綫泉東南山東大學悠然亭西

四十一、雙桃泉　相傳在丁字街舖下今失考

四十二、濯纓泉　在督辦公署內

四十三、洗鉢泉　在馬跑泉西路北民宅內

四十四、鑑泉　在縣城南門外迤西下崖

四十五、鑪泉　在縣南千佛山下今失考

四十六、南叵羅泉　在柳埠東齊王寨巖下

四十七、濋泉　在督辦公署內珍珠泉東北

四十八、檜梍泉　在縣東南五十里桃科莊

四十九、玉環泉　在城內布政使街路西

五十、試茶泉　在縣南八十里茶臼河東壁

五十一、煮糟泉　相傳在城西四里今失考

五十二、漿水泉　東梧百尺淵有漿水泉

五十三、醴泉　在中宮鄉南高而莊四合寺內

五十四、密脂泉　在天鏡泉東東流水民宅內

五十五、琴泉　在柳埠南袁洪峪北

五十六、琵琶泉　在中宮東黃泥溝東北石澗

五十七、懸珠泉　在聖壽院龍洞口

五十八、漱玉泉　在金線泉南山東大學悠然亭附近

五十九、金沙泉　在縣東南龍洞聖壽院西北

六　十、印度泉　在柳埠西南梨峪麗家莊

六十一、錫杖泉　在神通寺東海螺峪內

六十二、金線泉　在城外山東大學本部尙志堂舊址

六十三、廝披泉　在城東北白泉北

六十四、灰池泉　在縣城西南角西河沿房下

六十五、淺井泉　在馬跑泉西南尙志堂北院樓下今迷

六十六、天鏡泉　在縣城西門外江家池

六十七、水簾泉　在都泉西南石崖

六十八、湧騰泉　在神通寺西

六十九、團圓泉　在白泉西

七　十、避暑泉　在縣南八十里袁洪峪萵苣泉西南泉子峪莊西北

七十一、無憂泉　在趵突泉大門內西方此次修建平

七十二、冰　泉　在柳埠南岱陰鞦韆台與泰安交界

上列七十二泉虎泉草水泉已失其所在其他各泉地址究與志書所指是否相符亦未敢確定

齊乘載據名泉碑七十二泉除重復不計外下列各泉爲漱六山房文集七十二泉內所無

一、珍珠泉　爲南北二泉

二、蜜脂泉　爲東西二泉

三、東高泉　在金線泉南今失考

四、石灣泉　在跑突泉南與無憂泉並列今迷

五、酒　泉　在闔屏街張子志花園內

六、湛露泉　仝前

七、滿井泉　卽淺井泉之別稱

八、北賨糠泉　杜康之訛音在後營坊河旁

九、散水泉　在督辦公署內珍珠泉東

十、灰泉　在督辦公署珍珠泉西北

十一、知魚泉　在珍珠泉東北

十二、劉氏泉　在曲水亭路西民宅內

十三、登州泉　在闔屏街張子志花園內

十四、望水泉　仝前

十五、香泉　在舜祠內西北隅井北今失考

十六、混沙泉　在縣城西南角護城河下崖今失迷

十七、滴水　在神通寺東峪內

十八、汝泉　在神通寺內

十九、灰灣泉　在五龍潭東疑即懸清泉之水匯也

二十、柳泉　在終東東遠東莊

二十一、車泉　在中宮鄉東遠東莊

二十二、南黃瀨泉　在葛山峪東北

二十三、鬪斗泉　在柳埠西南千房洞內

二十四、臥牛泉　在金線泉東南今失考

二十五、龍居泉　在長城嶺西北茶臼河上流

漱六山房七十二泉記所列亦有為齊乘所無茲列如下以供參考

一、鄒泉二、冷泉三、胭脂泉四、雙忠泉五、寶姑泉六、蟾蛟泉七、南叵羅泉八、濼泉九、槍桿泉十、試茶泉十一、琴泉十二、琵琶泉十三、懸珠泉十四、印度泉十五、錫杖泉十六、廝披泉十七、天鏡泉十八、水簾泉十九、湧騰泉二十、團圓泉二十一、避暑泉二十二、冰泉

除上列以外尚有多泉不在七十二泉之內茲列於後

一、白石泉　在縣城東南三皇廟下廣橋西南

二、瑪瑙泉　在縣城外東南三皇廟下廣橋西南

三、月牙泉　在西門外東流水路東

四、太乙泉　在城內王府池街

五、玉乳泉　在省公署花園內南端

六、一指泉　在縣東南龍洞聖壽院內

七、雙龍泉　在縣城東五十里虞山石間

八、胤嗣泉　在南關外張仙廟下崖

九、九女泉　在南關黑虎泉北倚城壕現在安宅新建房內

郝植恭濟南七十二泉記濟水伏流地中經歷下溢而出者遍地皆泉其稱名者蓋七十二泉焉七十二泉趵突爲大趵突在城西南呂祖祠三窟並發浪花高數尺跳躍唐突若有激使然者故名曰趵突城內則珍珠爲大在明德藩故宮今巡撫署西偏平地湧泉參差錯落如瀉萬斛之珠故名曰珍珠都泉在中宮爲岱北諸泉之總都聚也水之所聚曰都白泉出紙坊北方十畝中有大泉間數刻一發聲如隱雷以其多白沙也故名曰白泉曰響泉以其聲也曰懸泉以其形也曰溫泉曰冷泉以其性也曰硃砂曰胭脂以其色也可以染曰染池可以汲曰林汲以其用也泉有取象於天者白雲如雲之英英也曰甘露如露之滴滴也泉有以地名者曰當道橫去路也曰龍門出洞口也曰溪

亭古園林之勝也曰菩薩出菩薩巖下也泉有以人名者曰舜泉歷山之遺蹟在焉曰杜康世傳杜康嘗以此釀酒曰孝感孝子事親水遠感而出泉曰雙忠則以祠而名之也曰賢清一名三孃子灣蓋以三孃子而得名也曰獨孤曰寶姑曰羅姑泉從乎姓也泉有以動物名者曰馬跑如馬之奔也曰鹿跑如鹿之逐也曰白龍如龍之出峽也曰騰蛟如蛟之得雲雨而飛騰也曰虎虎嘯風生也曰金虎曰黑虎曰白虎則又以其色而別之也泉有以植物名者曰花花紋蕩漾也曰草水草交縈也曰芙蓉明以豔也曰蔄芑寒以苦也曰黃華淡而彌永也曰柳絮水沫紛翻如絮飛舞也曰雙桃夾岸桃花如桃源仙境也泉有以用物名者纓之濯之清如鉢之洗也蠲如曰鑑者澤如曰鑪者沸如曰南亘羅者斟如曰檜桿者其流直如曰玉環者兩泉并出其形圓如也泉有以食物名者曰試茶茗之瀹也曰袞糟釀之浼也曰漿水米汁之傾也曰醴酒之甘也曰蜜脂中邊皆甜也泉有以樂器名者曰琴流水之調也曰琵琶潯陽之舊曲也泉有以珍寶名者曰懸珠珠之懸也曰漱玉玉之漱也曰金沙淘沙而金可揀也泉有得名於釋氏者曰印度初禪之地錫杖將飛之候也泉有得名於女工者曰金線波紋之細曰麻披縷縷之不絕也至於灰之澄也曰灰池井之滿也曰淺井天倒影而如鏡也曰天鏡水懸流而如簾也曰水簾曰湧騰也曰闡圓也曰避暑清涼界也曰無憂歡喜境

也曰冰冰凝陰之所結也曰濼蓋取爾雅釋水之義也凡此爲七十二泉後人於五龍潭西得泉題曰七十三泉則以無名而名者也無名而名故不在此數（漱六山房文集）

九 利用河水狀況　歷水濼水之流域卽小清河之上源居民多數通渠種植園藝藉資灌溉甚形便利卽所謂北園是也

第五節　里社

一 自治區域　全縣分城鄉十三區城區分城內八約（社）關廂八約及商埠七大馬路十一緯路十二鄉區分六十里（社）九百五十莊村清末葉皆設城鄉議事會討論興革民國五年奉令解散迄未招集

二 村鎮之疎密　全縣共有九百五十莊清鄉一千零五十莊城區街道均在內依面積一萬二千方里計算平均每莊約占九三方里據實地調查東鄉村鎮最密西鄉次之南北鄉又次之惟此村與彼村之距離近者咫尺遠者約七八里

三 村鎮之貧富　據本縣戶口調查表鄉區人口爲四十七萬三千餘口共計九百五十莊每莊平均戶口爲四五百餘人地少人多貧富已屬概見但東鄉土地肥沃村莊雖密富戶頗多其餘各

鄉均次之無特著之差異

四有名重鎮　縣境著名鎮市爲濼口龍山中宮焦家集老僧口堤頭還倉鎮七處

一、濼口鎮　城北十二里市面情形漸次繁盛街道平夷市政井然商店約有一百四五十餘家營業狀況亦不稍遜城市鎮之東約里許卽津浦路黃河鐵橋爲境內最著名之建築物

二、龍山鎮　在縣城東七十里膠濟鉄路設站於莊南每逢陰歷四九爲集期商店五十餘家尤以絲織機房爲最多有郵政代辦所極形便利

三、中宮鎮　在城南五十里錦繡川在莊南爲南部之重要地方每逢一六　三八爲集期商店約有四十餘家風景極佳郵政直接報遞

四、焦家集　在縣城北黃河以北距城二十二里二七爲集期商店約有三十餘家通郵政尙便利

五、老僧口　在縣城東北七十里二七爲集期商店二十餘家設有郵政代辦所

六、堤頭鎮　在縣城東北二十五里爲赴黃河北孔道商民二十餘家

七、還倉鎮　在城東三十里爲章邱必經之路自鐵路修築遂一蹶不振五十爲集期可直接

通郵

第二章

第六節　行政官署

一山東督辦軍務公署　在城內中央元爲張舍人園明爲德王藩舊址天順元年初建清爲巡撫部院署歷年修整渙然一新署內珍珠泉碧潭澄清游魚可數尤稱名勝

二山東省長公署　在督辦公署西北明清皆爲山東承宣布政司署洪武九年自青州移此天順四年重建署內西北鑑止堂前有宋槐唐海棠樹極盡名勝

三實業廳　在城內近東城垣明清皆爲提刑按察司署洪武中建成化十年重修

四教育廳　與實業廳同在舊按察使司署內占東北院

五鹽運使司署　在實業廳西明爲巡道舊署清皆爲都轉鹽運使司署洪武元年新建順治八年改建今名

六財政廳　在大明湖東南岸學院街北首明初爲校士館至道書院嘉靖二十一年建清爲提學道署繼稱提督學政署

七濟南道署　在山東省長公署東貢院舊址之一部分洪武初建成化十九年嘉靖元年重二次

八山東省會警察廳　在城內大街東清爲濟南府署明成化九年初建民國七年移此

九山東全省警務處　在警察廳內

十山東高等檢察廳　在商埠二大馬路東首清宣統元年初建

十一山東高等審判廳　在商埠二大馬路東首清宣統元年初建

十二濟南地方檢察廳　在商埠二大馬路東首清宣統元年初建

十三濟南地方審判廳　在商埠二大馬路東首清宣統元年初建

十四山東交涉公署　在商埠四大馬路小緯六路西租用民房

十五市政廳　在商埠大馬路舊稱商埠局光緒三十一年新建

十六河務局　在商埠魏家莊舊在城內縣東巷大王廟民國七年移此租賃民房

十七縣公署　在舊縣署不知建自何時崇正乙卯燬於兵知縣宋租法重建清乾隆二十八年知縣楊成龍重建民國以來歷經修葺尙稱整齊

第七節　地方機關

一地方財政管理處（職員姓名附後）

一、處址　縣公署東北隅舊庫房

二、成立　年月　民國八年十月

三、職員　管理員一人文牘會計書記各一人

四、經費　每年經常費壹千零玖十貳元

二路政分局

一、局址　西關鳳凰街民宅

二、成立年月　民國十四年六月

三、職員　局長由縣知事兼任坐辦一人文牘會計書記各一人議董六人勸導員十五人工務員三人

四、經費　每年經常費玖百肆十捌元

三教育局

一局址　城內西公界壽佛樓

二、成立年月　民國十二年五月由勸學所改組

三、職員　局長一人縣視學三人事務員六人

四、經費　每年經常費叁千貳百貳十貳元

四地方自治籌備分處

一、處址　西關錦纏街民宅

二、城立年月　民國十三年六月

三、職員　處長一人文牘會計書記各一人辦事員二人

四、經費　每年經常費壹千陸百肆十肆元

五實業局

一、局址　城東關青龍街三皇廟

二、成立年月　民國十四年由勸業所改組

三、職員　局長一人勸業員三人會計書記各一人苗圃管理員一人氣候觀測員一人

四、經費　每年經常費壹千捌百肆十玖元貳角省欵補助費四百元在內

第八節　局處會所

一 財政

一、山東全省印花稅處　在金菊巷組織分二科一處
二、山東全省煙酒事務局　在榜棚街組織分三科三處
三、山東全省捲烟特稅總局　在二馬路緯七路組織分三科二處
四、膠濟鉄路商貨統捐總局　在貢院後組織分二科
五、山東全省營業牌照稅總局　在魏家莊
六、山東國庫善後公債局　在公園西
七、山東牛照管理局　在緯六路
八、濟南貨物稅分局　在二大馬路
九、濟南區捲烟特稅分局　在緯七路
十、第一區菸酒事務分局　在按察使街

二 鹽政

一、山東鹽務稽核分所　在四大馬路小緯二路口

二、東綱公所

三實業

一、省立農事試驗場　在南大槐樹

二、省立工業試驗所　在桿石橋外

三、濟南森林局　在公園後

四、山東森林種苗交換所　在公園後

五、濟南商品陳列舘　在小緯六路

六、濟南城河監閘局　在菜市

七、濟南總商會　在富官街

八、濟南商埠商會　在二大馬路

九、西關商業公所　在普利大街

十、洛口鎮商會　在洪字街

十一、濟南麪公會粉　在小緯二路

十二、棉業公會　在四大馬路

十三、糧行公會　在津浦車站

四內務

一、山東官印刷局　在省署內

二、山東全省自治籌備處　在省署內

三、山東全省路政總局　在濟南道署內

四、山東運河工程局　在官驛街

五、山東全省平糶處　在三多里

六山東利荷汽車路局　在緯北路

七、山東小清河疏濬工程總局　在倉巷

五軍事

一、山東航空處　在張莊

二、山東官礦局　在二大馬路
三、山東官𠂊局　在緯小二路
四、山東測量局　在南營
五、山東軍警執法處　按察司街
六、山東軍警督察處　在小緯四路
七、山東憲兵司令部　在公園後
八、濟南戒嚴司令部　在警察廳內

六立法

一、省議會　在貢院墻根西北
二、省農會　在先農壇
三、省教育會　在貢院牆根
四、律師公會　在魏家莊

七地方會所

一、縣教育會　在府學西廡民國元年成立民國六年改組

二、縣農會　在壽佛樓內民國二年成立六年改組

三、學務委員會　在府學西廡民國八年成立

四、十三區區董辦事處　在縣學西廡民國十六年四月成立

五、教育局董事會　民國十三年十一月成立

六、縣立講演所　在普利門外民國六年成立

第九節　慈善機關

本縣地居省城慈事較爲發達民國九年以後益臻美備茲分會所與團體二項列後

一公所

一、山東慈善事業公所　在舊縣署內東北隅於民國六年由廣仁善局改組廣仁善局捐款前爲本縣陳紳捐助現由省長公署委任所長管理下列各種事業

甲、孤兒院　附設所內

乙、養老院　在青龍街南迤東

丙、全節堂　在南關毛家坟

丁、濟良所　在縣東巷

戊、育嬰堂　附設所內

二、歷城慈善事業公所　在西公界壽佛樓內於民國六年成立施捨棺木資助錢項分送丸藥設立小學校一處

三、中國紅十字會濟南分會　在桿石橋外附設醫院

二團體

一、道院　在新街附設殘廢院因利局小學校印刷所

二、同善社　在寬后所街附設因利局國學社

三、世界紅萬字會在道院內附設醫院施捨治療

四、悟善社　在周公祠施捨棉衣醫葯

五、慈悲壇　在官驛街

六、貧民棲流所　在陳家橋

七、普善社　在西關花墻子街

三、醫院

濟南各醫院以日人濟南醫院最完備美人華美醫院共合醫院亦甚完備茲分列於後

一、山東陸軍醫院　在江家池

二、濟南醫院　在緯七路南首

三、共合醫院　在新街

四、華美醫院　在新東門外

五、三條齒科醫院　在三馬路

六、中華藍田醫院　在四馬路安仁里間

七、華瀛醫院　在三馬路

八、華美女醫院　在東關山水溝

九、普利門醫院　在普利門外

十、新華醫院　在麟祥門外李家窰

十一、路得婦嬰醫院　在三多里南首
十二、壽眷醫院　在三里莊一〇九號
十三、德華醫院　在小緯二路南首路西
十四、燕魯婦嬰醫院　在四馬路緯九路西
十五、東海醫院　在緯三路
十六、北海醫院　在緯一路
十七、立民醫院　在三馬路
十八、育生醫院　在普利門外
十九、康子安醫院　在普利大街
二十、濟中醫院　在西雙龍街
二十一、濟善醫院　在按察使司街

第三章　賦稅

第十節　丁漕

一地丁　正額六萬四千一百兩折合銀元十四萬一千四百餘元實征十二萬六千一百八十四元餘

二漕折　正額一萬二千一百二十五石折合銀元七萬三千三百五十餘元實征六萬六千三百九十六元餘

第十一節　附稅

一河工附稅　每地丁一元加征一角一萬六千一百餘元

二省教育附稅　每地丁一元加征五分六千三百餘元

第十二節　雜稅

一酒稅　一萬零六百五十四元八角

二菸稅　一百二十六元五角六分捲煙稅不在內

三印花稅　一萬四千餘元

四課程　一萬一千三百餘元

五油稅　六千六百元

第十三節　地方公欵

一警備附捐　每地丁漕米一元加征一角收貳萬捌千捌百玖十餘元

二縣教育附捐　每地丁一元加征四分五厘收伍千玖百餘元

三牙紀公益捐　每年收入叁千壹百柒十元零壹分

四公產收入　每年壹千餘元

五公欵收入　每年叁百元

六特別收入　每年陸柒千元不等

七船木捐　每年叁千四百元

八渡船公所　每年捌百元

九屠宰捐　每年柒千元

第四章　民情

第十四節　勞働

（一）生計之難易　歷城隸屬省區人烟稠密百物昂貴出產糧食每年不敷甚鉅由外處接濟雜糧

四十三萬石左右其種類爲大米高粮穀麥等價格約五百七十萬元上下農民生活狀況極爲困難幸生活程度素尙儉約雖有失業之人因居省城均投入於勞働界藉資生活尙無意外危險

二工資之高低之農民以勞働者爲數甚多向有勤苦耐勞之風尙賃銀之高低常因季節之變遷而異春冬時間每日約三角五分秋麥二季自五角五分至一元上下不等

三大農中農小農之多少　全縣小農最多中農次之大農更居少數

第十五節　習俗

一元旦　歲時仍重陰歷孟春月元日昧爽設香燭牲醴祀神祇祖先家人稱壽及旦戚里相賀互宴親友

二上元節　孟春月十五日謂之上元節亦曰元宵節晚間通衢大張燈火燃放鞭砲花筒而各種燈彩亦鑼鼓喧天遊行街市自十三日起至十七日止農民以此五日內有風無風占豐歉蓋有風則歉無風則豐也

三春龍節　仲春月二日打灰囤預祝豐收故農民以此日爲龍抬頭日可以風調雨順也

四清明節　季春月清明節前後遊人徧於野名曰踏青好事者更製爲多數風箏放於空中清明節前一日爲寒食佳節居民於各門前插柳枝手執牲醴赴祖塋行掃墓禮並覆墓以土清明節民國四年定爲植樹節爲提倡林業之觀感

五佛浴日　孟夏月八日爲佛浴日東嶽廟及北極廟僧作善會打醮誦經邀請善男信女出資隨喜

六端陽節　仲夏月五日書門符懸艾虎繫綵絲餽送角黍家中聚飲雄黃酒以避五毒十三日全縣村民祭關侯是日往往陰雨故又稱是日爲關公磨刀日云

七七夕日　孟秋月七夕設瓜果乞巧

八中元節　孟秋月十五日祀祖掃墓僧作醮超度孤魂

九孟蘭會　孟秋月三十日各廟邀請善男信女集資紮花船打醮晚間大明湖護城河各處施放河燈以度孤魂

十仲秋節　仲秋月十五日夜設月餅瓜果於院中以祭月並集家人於月下餚醼飲以賞月

十一重陽節　季秋月九日作菊糕登千佛山邀友聚飲

十二小陽節　孟冬月一日拜墓送寒衣
十三臘八日　季冬八日食臘粥好施者濟貧
十四祭竈日　季冬月二十三日晚設糖果餅湯以祀竈
十五除夕日　除日易門神桃符春帖遍地撒芝蔴稭陳設供果迎祖先是夕辭歲燃爆竹家人設酒守歲

第十六節　風尚

一冠婚之習俗好尚及費用　婚嫁由媒介人對於男女兩家互相知姓氏職業雙方調查確實然後納采擇日結婚但城區讀書舊家論婚之始對於門第族姓職業貲財調查尤爲翔實嫁娶年齡男女在十五六歲至二十七八歲之間鄉區甚至有十三歲結婚者鄉區冠婚手續較爲簡單故費用亦少亦以農民之貧富而爲轉移大約雙方均在一百數十元至三百元之間城區則較鄉區奢侈懸殊太甚貲財雖少之戶費用須二三百元左右至富戶則數百元千數元不等

二喪祭之習俗好尚及費用　經喪之家即時成歛衣服美好然後擇期殯葬鄉區近則五日七日遠則半月一月不等費用尙屬儉約而富戶尤競棺木用槨者甚少初亡人時由家屬焚燒紙箔

若干於門外名曰指路並延僧道誦經名曰轉咒引魂以後每七日爲一期必誦經一次至七次爲止(但四期不誦經)並用彩紙製輿馬旗旛以及種種樓閣並應用物品之屬時時焚燒耗費甚鉅期功之喪必先請風先生擇地妥協後始定期殯葬一功喪服均遵古制喪需費用爲數甚鉅每歲致祭三次於墓爲清明節陰曆七月十五日及十月一日家中致祭爲年終歲首及先人亡日所有供獻均爲食品焚燒紙箔爲數甚多

第五章　防衛

第十七節　警察

歷城縣地居省會警政悉歸省會警察廳辦理管轄城內外商埠小清河十三區

一警區　城內外各分爲三區商埠分爲四城郭附近二十里內西南爲一區東北爲一區小清河一帶爲一區茲分別如下

一、城內一區警察署　在城內娘娘廟內分駐所二處一在南門裡一在督署前

二、城內二區警察署　在督城隍廟街分駐所三處一在東門裡一在新東門裡一在水月禪寺

三、城內三區警察署　在城內將軍廟街分駐所四處一在西門裡一在新坤順門裡一在乾健門內一在黑虎廟內

四、城外一區警察署　在南關正覺寺街分駐所三處一在營盤街一在東圍子門裡一在大關帝廟街

五、在外二區警察署　在西關速報司廟街分駐所四處一在迎仙橋門裡一在桿石橋門內一在普利門內一在北小門內

六、在外三區警察署　在東關舊東圍子門內分駐所三處一在淨居寺南一在青龍街一在小北門內

七、商埠一區警察署　在大馬路分駐所二處一在二馬路緯一路崇德里一在三馬路緯一路

八、商埠二區警察署　在公園前路北分駐所二處一在三里莊一在五里溝

九、商埠三區警察署　在二馬路緯八路分駐所處一在日本領事館對過

十、商埠四區警察署　在六馬路緯九路西分駐所三處一在緯三路三里莊南一在遊藝園

一在四馬路緯一路

十一、西南鄉警察署　在官驛街西首分駐所六處一在桿石橋外泰山行宮一在王家莊一在緯十一路一在官札營

十二、東北鄉警察署　在洛口鎮分駐所五處一在姚家莊一在大悲菴一在東圍子門外一在黃台橋一在大辛莊

十三小清河警察署　東北鄉張家林分駐所本境者鴨旺口

二保安隊　附屬警察廳分下列各隊

一、步警第一大隊　下屬四分隊

二、步警第二大隊　下屬五分隊

三、步警第三大隊　下屬三分隊機關槍一分隊

四、步警第四大隊　下屬二分隊武術一分隊

五、騎兵大隊　下屬一大隊三中隊三分隊

六、炮警大隊　下屬一大隊三中隊三分隊

七、偵緝隊　一隊

八、消防隊　下屬三分隊

九、清道隊　一隊

第十八節　縣警察

本縣警備隊於民國七年五月由前任李知事樹瀛創辦繼由靳知事整頓完備民國十三年改稱武裝警察

一警區　總隊部設在縣署分駐下列各處

一、馬家鄉　大莊

二、清寧鄉　姚趙莊

三、老僧口鄉　老僧口莊

四、遙墻鄉　河套圈

五、党家鄉　龍山鎮

六、東梧鄉　田莊

七、中宮鄉　中宮鎮

八、董家鄉　郭莊

二編制　遵章編制全隊一大隊六分隊十八棚隊長九人警兵二百一十六名

三警款　由一五警備附捐開支每年支出貳萬捌千餘元

第十九節　保衛團

一編制　按戶抽丁守望相助

二團區　十二鄉區

三人數　全縣約五千七百三十二人

四團款　各區由聯莊會抽撥

五槍械　土槍均已烙印且有二人抬砲

第六章　外交

第二十節　領事

省會自前清光緒三十年將城西五里溝闢爲商埠旅濟外僑日多英法美日意俄德比均通商貿

易設立洋行故外交事件繁雜各國亦設領事保護僑民商務焉

一 領事館

一、美國領事館　在六大馬路小緯二路總領事一人書記二人

二、德國領事館　在二大馬路領事一人書記一人

三、英國領事館　在三里莊南領事一人書記二人

四、日本領事館　在三大馬路緯七路口總領事一人副領事一人主事一人書記二人

二 僑民

一、美國　傳教三百三十一人經商二十九人其他三十八人共計三百七十八人

二、德國　傳教一百一十九人經商四十八人其他十四人共計一百七十一人

三、英國　傳教九十四人經商四十人其他二十九人共計一百六十三人

四、日本　傳教無經商二千三百三十五人其他一百七十九人共計二千五百一十四人

五、其他各國　傳教八十八人經商二十三人其他九十二人共二百零三人

以上總計三千四百三十九人

第七章　報業

第二十一節　宣傳

一　公報

一、山東公報　在省長公署內

二、山東實業公報　在省長公署

三、山東教育公報　在教育廳內

四、山東市政公報　在市政廳

五、山東財政旬刊　在財政廳

六、山東新魯月刊　在緯一路

七、山東教育月刊　在仁和街

八、山東教育週報　在貢院牆根

九、山東自治週刊　自治籌備處

二　雜誌

一、山東實業學會雜誌

第二十二節　新聞

一日刊

一、濟南日報　在普利門外

二、大民主報　在公祥街

三、魯聲日報　在高都司巷

四、商務日報　在布政司大街

五、山東法報　在魏家莊

六、大東日報　在華家井

七、平民日報　在緯一路

八、新魯日報　在緯一路

九、大風日報　在抱厦廟

十、簡報　在後宰門

十一、齊美報　在後宰門

十二、山東晚報　在舊道署前

第八章　教育

第二十三節　省教育

省教育爲欵設立直接屬於教育廳管轄者

一高等教育

一、山東大學校　爲前各專門學校合倂而成分文工醫法農五科及高中文理兩科本部在工專校舊址常年經費二十六萬元地址仍就各處分設茲列於下

甲、文科　在趵突泉東分中國哲學系國文學系

乙、法科　在桿石橋外分法律系政治經濟系商學系

丙、工科　在趵突泉東分機織系應用化學系採礦冶金系機械系

丁、醫科　在皇華館分醫學系葯學系

戊、農科　在權府莊分林學系農學系養蠶系

己、高中文科　在北園白鶴莊

庚、高中理科　在東關山水溝

二、中等教育

一、省立第一師範學校　在西門大街濼源書院舊址學生十四班常年經費七萬三千元

二、省立第一中學校　在貢院牆根學生十五班常年經費四萬三千八百元

三、省立第一女子師範學校　在南南毛家坟學生八班常年經費三萬四千元

四、省立第一職業學校　在辛莊學生二班常年經費六千元

五、省立第一女子中學校　在東城牆根學生五班常年經費一萬二千四百元

六、省立第三職業學校　在苗家巷學生五班常年經費五千元

七、省立模範職業學校　在運署街學生三班常年經費八千元

八、省立女子職業學校　在新街學生五班常年經費一萬二千三百元

九、省立模範染織講習所　在趵突泉前葯王廟南學生二班常年經費八千元

三、初等教育

一、模範小學校　在貢院牆根學生十一班常年經費一萬零九百二十元

二、第一師範附屬小學校一部　在南城根學生十二班常年經費一萬零零八十元

三、第一師範附屬小學校二部　在北園菜市學生五班常年經費五千零四十元

四、第一女子師範附屬小學幼稚園　在第一虹橋學生八班常年經費六千六百八十元

五、義雅小學校　在義雅坊學生八班常年經費七千五百六十元

六、製錦小學校　在製錦市學生十六班常年經費一萬二千六百元

七、新育小學校　在南圩門內學生八班常年經費六千七百二十元

八、競進女子小學校　在縣西巷學生八班常年經費八千五百六十元

四 社會教育

一、山東圖書館　在城內大明湖畔常年經費四千九百二十六元

二、公立通俗圖書館　在趵突泉常年經費二千四百九十六元

三、社會教育經理處　在新街常年經費九千二百二十元

四、通俗教育講演所　在府門前常年經費八千二百八十四元

五、公共體育場　在南圩門外迤東常年經費一千一百四十八元

第二十四節　縣教育

縣教育　爲縣育經費設立直接屬於縣知事管轄者

一學區　分爲十區茲列名稱如下

一、第一區　城區商埠屬之
二、第二區　張馬洛口鄉屬之
三、第三區　清寧馬家鄉屬之
四、第四區　邵而鄉屬之
五、第五區　中宮鄉屬之
六、第六區　黨家鄉屬之
七、第七區　董家遙墻鄉屬之
八、第八區　老僧口鄉屬之
九、第九區　泉路鄉屬之

十、第十區　東梧鄉屬之

二學校　本縣僅有初等教育高級小學校十四處初級小學三百餘處茲詳列於左

一、高級小學校

甲、第一區縣立第一小學校　在縣學內學生高級二初級四班教員八人常年經費叁千四百一十八元

乙、第一區縣立第二小學校　在南關正覺寺街學生高級二初級四班教員七人常年經費二千四百三十八元

丙、第一區縣立第三小學校　在宴公廟街學生高級一初級一班教員三人常年經費七百三十二元

丁、第一區縣立第四小學校　在海山宮學生高級一初級一班教員三人常年經費縣欵二百三十元不足由學董籌劃

戊、第一區縣立第一女子小學校　在黑虎泉學生高級一初級三班教員五人常年經費一千九百六十二元

己、第二區縣立第一小學校　在北園大張家莊學生高級一初級一教員四人常年經費六百一十元

庚、第二區縣立第二小學校　在張馬屯學生高級一初級一班常年經費六百元

辛、第二區鄉立女子小學校　在洛口鎭學生高級一初級一班教員三人常年經費五百七十元

壬、第二區鄉立第一小學校　在洪家園學生高級一初級一班教員三人常年經費五百元

癸、第二區私立小學校　在洛口鎭洪字街學生高級一初級三班教員五人常年經費一千五百元

子、第三區縣立第一小學校　在馬家鄉大莊學生高級一初級一班教員三人常年經費五百二十元

丑、第五區縣立第一小學校　在中宮鎭學生高級一初級一班教員三人常年經費六百一十元

寅、第六區鄉立第一小學校　在黃桑院高級一初級一班教員四人常年經費五百四十元

卯、第六區鄉立第二小學校　在會仙寺學生高級一初級一教員三人常年經費五百元

二、初級小學校　本縣初級學校三百二十九處屬於公立者三百二十五處私立者四處

三學欵　全縣教育費四萬七千七百八十一元屬於縣欵者一萬九千零三十二元九角五分

四私塾　壹百九十四處

五畢業人數

一、畢業於外國者

甲、日本岩倉鐵道學校一人

乙、日本宏文學院三人

丙、日本法政大學校二人

丁、日本明治大學法科一人商科一人

戊、日本早稻田大學測量科一人農科一人

己、日本陸軍士官學校二人

二、畢業於本國者

甲、北京大學校四人
乙、北京國民大學校二人
丙、北京高等師範學校七人
丁、北京平民大學校二人
戊、北京中國大學校一人
己、北京法政專門學校一人
庚、南京海河工程大學校二人
三、畢業於本省者
甲、山東法政專門學校四十三人
乙、山東法律學校七人
丙、山東農業專門學校農本科一人中等林科三人中等蠶科八人中等農科二人
丁、山東商業專門學校本科十八人甲種講習科十八人選科三人商人補習科三人簿記專修科二十九人銀行專修科九人交通專修科二人

戊、山東工業專門學校機織科六人染色科二人甲種染色講習科九人甲種金工講習科八人應用化學科二人

己、山東礦業專門學校二人

庚、山東第一師範學校二十二人

辛、山東第一中學校三十七人

壬、山東第一女子師範學校十九人

癸、山東崇實女子中學校七人

子、山東正誼中學校二十三人

丑、山東育英中學校九人

寅、山東東魯中學校三人

卯、山東模範業職學校四人

辰、山東醫學專門學校十人

巳、山東師範講習所十三人

午、縣立師範講習所七十三人

未、縣立各區單級分所三百七十四人

申、縣立單級教員養成所一百十九人

酉、縣立小學教員講習所五十六人

戌、私立師範講習所七十一人

亥、各區小學校一千八百六十七人

六學童人數　一萬九千四百五十三人就學者九千五百四十一人

七社會教育

一、縣立通俗講演所　在普利門內職員三人常年經費一千元

第二十五節　私立教育

私人教育爲私人粃財設立者但皆受有省欵補助茲列各學校於左

一中等教育

一、私立正誼中學校　在閻公廟街學生十九班常年補助一萬二千元

二、私立育英中學校　在桿石橋外學生十班常年補助七千八百元

三、私立濟南中學校　在南關山水溝學生二班常年補助一千二百元

四、私立崇實女子中學校　在商埠緯六路口學生四班常年補助四千六百元

五、私立甲種商業學校　在桿石橋外學生四班常年補助二千元

六、私立國學研究社　在圖書館內學生一班常年補助二千元

七、私立美術學校　在東關七家村學生四班常年補助三千元

八、私立女子醫學校　在商埠小緯四路學生四班常年補助五千二百元

九、私立鐵路傳習所　在西公界題壁堂學生二班常年補助一千二百元

十、私立師範講習所　在貢院墻根學生三班常年補助五千五百六十元

十一、私立東魯中學校　在六大馬路小緯四路口學生七班常年補助三千元

二初等教育

一、濟南商埠小學校　在三里莊學生十班常年補助費四千二百元

二、義務小學校　在西公界學生三班常年補助費一六千百元

三、薇垣小學校　在西公界學生三班常年補助費二千二百四十元

四、師範講習所附屬小學校　在貢院牆根學生三班常年補助費一千元

五、明德小學校　在西關永長街學生二班常年補助費六百六十元

六、成德小學校　在桿石橋外學生四班常年補助費九百元

七、崇德女子小學校　在桿石橋外學生一班縣欵常年補助費二百元

八、私立商埠小學校　在四大馬路學生二班常年經費一千二百元

九、私立奉直小學校在八旗會館學生三班常年經費二千六百元

三社會教育

一、私立通俗教育講演所　在小布政司街職員五人常年補助費九百元

二、評書詞曲社　在縣西巷職員二人常年補助費二百元

第二十六節　外人教育

本縣縣境內外人設立學校者以美人爲最多日法次之

一、齊魯大學校　美人創辦在南圩門外分文理神醫四科受有省政府補助

二、濟美中學校　美人創辦在新門外

三、進德中學校　美人創辦在三大馬路

四、青年會小學校　美人創辦在二大馬路

五、基督教小學校　美人創辦在四大馬路

六、外國語學校　日人設立在三大馬路

七、懿範女學校　法人設立在高都司巷

八、三育學校　英人設立在四大馬路

九、女紅學校　法人設立在東圍門外

十、廣智院　英美人共設在南關山水溝

第九章　農業

第二十七節　農作物

本縣普通作物之出產麥粟稻豆玉蜀黍黍稷高粱皆有之惟耕耘播種各法墨守舊規不知改良以致每年產額不足消費之用且地居省會人烟稠密幸遇豐收已不能自給倘遇凶荒尤難自顧

良可慨也總計十五年產額約二十萬四千餘石而消費數已達六十六萬三千石每年應由外境供給粮食二十三萬石左右價洋五百七十萬元爲數亦云甚鉅茲將其種類之耕種方法分列於後

一麥　麥有大小兩種〻耕作於稍含砂質之壤土於陽歷十月間在深耕土地而細碎其土塊施基肥於其上即行播種多爲條播覆以薄土而輕輕鎮壓之翌年二三月間再行補肥一次以後中耕二次五月下旬即可成熟肥料多用堆肥人糞廐肥病害有穗澁病黃枯病並無豫防方法蟲害則有地蛆蟋螬等播種時混以砒類而預備減殺其幼蟲以免爲害每畝收穫五斗每斗二元五角上下

二稻　稻僅有粳米之一種近有東洋香稻之試種多栽培於富有粘性黑色土質之水田每年秋末於稻之收穫後將本田隨時用鍬掘起使受十分之風化放置若干時日以後施行基肥再行灌水復於清明節前後播種於秧田陽歷五月間約長有尺許擇天氣和暖之日移植於本田十一月間即行收穫肥料普通多用堆肥大豆粕人糞等病害有稻熱病萎黃病蟲害有螟蟲浮塵子稻椿象等並無豫防及驅除方法每畝收穫五斗餘每斗四元上下

三粟　粟即穀有黃穀白穀七八種多耕作於壤土早秋於施行冬耕風化之地春初凍解後再深耕一次耙平施肥卽行播種普通概係條播俟苗長至五寸許可按株間四五寸留强健之苗數本以後補肥一次中耕除草二三次於八月間即可成熟晚秋穀於麥收穫後卽播種耕作法與早秋穀相同惟成熟期稍遲耳本縣種穀肥料多用堆肥廐肥病蟲害無豫防方法間有於播種時混木灰於種子豫防白髮病尙有效力蟲害有螻蛄蜜蟲爲害尙小無驅除方法每畝收穫約六七斗每斗一元四角上下

四豆　豆有黃豆黑豆綠豆豇豆等種多耕作於稍含石灰性之粘質土壤割麥之後將土地鋤平使土壤膨鬆卽行播種多行條播法以後中耕二次收穫時當在十月間中旬本縣種豆習慣往往不施肥料直接播種病害有黃枯病蟲害則有地蠶螻蛄捲葉蟲等間有食莢蟲爲害尙不甚烈無驅除方法每畝收穫四斗餘每斗價洋二元三角

五黍及稷　黍有黃白黍紅黍象牙黍稷僅有黑稷一種多耕作於壤土中栽培與粟大畧相同惟施肥較粟爲少黍稷之產量及價格亦同粟

六玉蜀黍　玉蜀黍有黃白二種多栽培砂質土壤中近有美國白馬齒黃馬齒二種之試種成績

倘優於去年冬耕之地耙平之施行春間播種然亦有於麥刈後播種者條播點播皆有惟點播往往與他種作物相間收穫期在八月中旬左右肥料施用人糞廐肥等病害有黑穗病烏莖病蟲害有切根蟲螻蛄地蛆等每畝約收五斗每斗價洋二元上下

七高粱　高粱有氣殺簃大鑼錘紅黑葶矮高粱等種栽培於壤土中於施行冬耕之地耙平之即行施肥然後依條播之法而播種之再行中耕除草數次肥料施用以廐肥人糞等爲最普通病蟲害尚不多見每畝收穫五六斗之間每斗價洋二元上下

第二十八節　特用作物

本縣特用作物如甜菜棉麻花生蔘藍煙葉芝蔴等均產之甜菜產額較多花生次之其餘爲數頗少栽培各法素不講求株守成規日病夏畦而已玆將其耕作列下

一棉　棉有本地棉及美國棉本地棉纖維粗短而美國棉以脫里斯及欽氏改良棉纖維細長爲最優多連作於砂質壤土每種於穀雨前後美棉較早概用點播或用散播每畝播種量約五斤播否時先將種子浸於水中一晝夜用灰拌攪之再爲播種施行基肥不加追肥二十日後苗長二三寸即行除草間引八寸時許留苗一株行距一尺五寸株距二尺高三尺許摘尖七月間開

花以後陸續摘花約十月底始完全收穫本地種棉多不施肥料美棉得用之爲既肥而已病害有紅白疫病立枯病落蒴病發見尙少蟲害有蚜蟲青蟲等籽棉用軋車軋出棉衣用彈子彈之如絮多用以紡績或製棉衣棉氈棉絨又種子可製油其粕可作肥料

附棉業提倡情形

本縣東北各鄉土質頗宜棉柞試種美棉成績甚優惟一般農民迫於生計僅胼手胝足從事農作種棉大利棄之不顧未免可惜自實業局成立以棉爲實業要政積極提倡刷印各種淺說講演棉之利益農民稍形活動每年分佈美棉籽種令農民試種收穫利益較他作爲厚將來發達自易爲力矣

二蔴　蔴有大蔴苘蔴多栽培於壤土及含有砂性土壤中蔴之播種時期在四月間多有條播苘蔴同於秋季收穫蟲害有地蛆天牛蔴熟則刈穫捆束置水池中行漚漬法經七日取出晒乾去其梗楷遂爲淨蔴苘蔴僅摘取種子蔴撚其纖維作線以充造履及種種工藝作物之用苘蔴取種子以製油用爲調製印泥及下痢劑

三芝蔴　芝蔴有黑白二種多栽培於壤土耕作方法及手續與粟同施用堆肥蟲害有髓蟲切根

蟲將收穫之種子浸於水中經數小時磨之成油以供食用俗稱香油粕用爲肥料每畝收穫三斗每斗四元五角上下

四落花生　落花生有大粒小粒兩種多耕作於砂質磽薄土壤四五月間行點播法播種之除草三次於秋後收穫普通概不施肥蟲害有切根蟲用花生仁搾取其油以供食用或爲肥皂製造之原料每畝收穫二百三十餘斤每斤八分

五烟葉　煙葉栽培於壤土地中先將地整理平坦造畦後卽行播種苗高三寸間拔灌溉三次秋後收穫有心腐病根腐病蟲害有食葉蟲以人工捕拿煙熟後刪去枝梗將煙葉捆爲細束置屋因乾枯之待估純作嗜好品無特別用品每畝收穫四十餘斤每斤價洋七角上下

六蓼藍　蓼藍卽靛多栽培於富有砂性含有水分之壤土先將地耕作平坦造畦施肥卽將他苗床養成之苗移置於本圃而勤爲灌溉多施用堆肥粕木灰等象鼻蚜蟲時常爲害又苗床之害爲霜害最烈藍熟刈置水中加以石灰用木棍拌攪之漸爲黃綠色藍遂與石灰化石而生沈澱則靛出現用爲染料每畝出靛三十餘斤每斤價洋六角以上

七甜菜　甜菜向無種植者自溥益糖廠設立以來始漸有種植者於五六月間麥作後之地耙平

整理施廄肥千餘斤預將種子浸於冷水數時取條播以後灌水除草補追約十月間即可收穫蟲害有食葉蟲食根蟲以機械方法製成白糖用作種種食品之原料每畝出產三千五百斤以上每千斤價洋九元

八甘藷　甘藷有紅白二種多產於山地及砂質壤土中取其塊根於翌年春間埋之於苗床而使之發芽後切取以作種苗插植之後須翻轉枝蔓數次以助塊莖之生長八九月以後漸漸掘出販賣於市場每畝收穫一千餘斤每斤價洋三分

第二十九節　藥用作物

一種類　本縣出產草藥甚多概爲野生植物如黃連元參當歸連翹柴胡白芍薄荷茯苓香附荊芥黃芩薑等皆產之

二土質　野外生長多爲壤土而山麓土層內尤多

三栽培法　大抵自然生長無栽培之者而薄荷薑間有種植者

四病蟲害　自然生長者居多數故無以人工驅除方法

五銷路　本地

六價格 價格低廉每百斤自五千文以上至數十文以下不等總計價格約五千數百元

附野生植物

野生植物出產最有用者爲山黃草苜宿雀麥等

一山黃草爲野生植物中最有用者產於山嶺間高如穀穇莖如蘆葦而葉小莖細色係褐黃專作居民修繕房屋之上頂每年出產五十萬斤上下價洋三千六百餘元

二苜宿係宿根植物爲牧放牲畜之好飼料生於野外種類甚多普通見者莖葉柔軟長至二尺餘開黃色之花性耐旱魃每年可收五次

三雀麥亦宿根植物長達三四尺繁茂迅速每年收穫三四次收量甚多亦最好之牧草也

第三十節　果樹

本縣果樹栽培甚多如柿桃果梨李杏山查棗核桃石榴軟棗葡萄均產之以柿爲最多梨果杏山查胡桃次之桃棗軟棗栗又次之葡萄石榴爲最少栽培方法習用舊規每年產額約五百七十九萬八千餘斤約值洋三十二萬八千餘元柿占二分之一弱倘再以新法栽培管理則產額更有可觀者茲將其栽培法等列後

一柿　柿有合柿扁柿牛心柿小圓柿之別係由軟棗砧木嫁接而養成果實爲橙黃者居多漿汁多味甘美色稍紅者更佳青柿皮厚肉堅味澀漿少較遜前種柿性强健最忌霪雨多栽培於砂質石灰性之土壤中將軟棗實種植之經二三年後養成砧木以行嫁接接木方法多行枝接法於每年三四月間行之接木前數日取一種柿之一年生枝芽之發育十分發達者以六寸長切爲數段作爲接穗以一手持砧木一手用鋭利小刀於砧木之平滑面割開木質部之皮層然後以接穗插入務使密著再以柔軟之蒿繩纏之寬緊適宜不致動搖傷害爲度至四月杪當可發育稍覆以土任其發芽但嫁接於圃地者待至翌年可以定植接木後非經三年不能結實樹之剪定無一定之方法而刪除結果期限約達數十年二十年前後方爲收量最盛期間以後長年月日亦結相當之果實也病害有黑斑黑星枝枯等病蟲害則有柿蜡蟲刺蟲柿實蟲蛾等驅除方法以人工捕拿果實由樹上摘下以梨同置缸中烘之卽行售賣或製成耿餅販賣外埠每株產數十斤至數百斤不等

附耿餅

本縣南鄉大澗溝一帶產柿最多於每年九十月間柿成熟時以刀鏇其皮曬之變爲黑褐色經

七八日乘其柔軟用手壓成扁形裝包貯之四十餘日霜即生出惟本縣柿實外皮甚厚且摘果期太早不易生霜較曹州耿餅品味遠遜

二桃　桃有五月早桃及油桃秋桃等種五月桃油桃係嫁接而養成秋桃係實生樹未經嫁接者早桃開花於三月間種植易生果宜爲圓形先端微尖色呈碧白漿液富多甘味高强秋桃青色微小品味較遜砂質土壤多栽培之桃樹由接木養成而爲砧木接木枝方法接根接皆有手術同柿苗木培養一二年後即可定植栽植時間由氣候變異大抵秋季栽植秋期苗木已發生有新根密著於土壤即可成活蟲害有縮葉病赤銹病被害較輕發生亦少蟲害有鐵砲蟲袋捲蟲象鼻蟲驅除法以人工捕拿或以石油若樹皮液注射之果實直接售賣近年來有製罐頭以出售者

三果　果有苹果紅果蜜果林檎等種苹果色澤艷麗香味芬馥紅果蜜果質脆味甘林檎則味澁但香味充足今年來復有紅魁紅玉之栽培係屬外洋種較本地種色味更爲優美多栽培於山麓石灰質或冲積壤土果樹之苗木都由接木而養成砧木多用海棠林檎紅果等以任一種之苹果樹一年生枝爲接穗而行嫁接方法同於柿桃嫁接之後如有砧木萌發當即摘除俟接穗

之芽漸次生長勤芟雜草秋末卽得一年生良好苗木定植後三四年成木始生果實至至五六年已得相當之收穫雖達六七十年而結果尚得豐盛也苹果病害有黑腐病褐斑病蟲害有綿蟲蚜蟲介殼蟲等

四梨　梨有青皮梨黃皮梨鴨子梨等種果肉脆軟漿液甘富其栽培嫁接等法與柿同通常以杜李爲砧木病害有赤星病蟲害則有葉蟲椿象等

五杏　杏有巴旦杏白杏水杏之別巴旦杏實堅而皮薄其核細小其仁甘美白杏色呈微黃品味甘甜各種土質皆能栽植接木之法多用枝接其方法手續與前同採收之期因種類而異大率七八月爲最適當之時

六李　李有青李有紫李數種外皮色如胭脂肉如雪羽漿液富外甘味爽利其品質之美果實中無出其右者李之嫁接與桃相同以實生砧而行嫁接或直接插木亦可苗木多棒狀初年栽植之後近於先端之部卽行剪定留四五本之强枝第二年花芽形成至第三年卽有果實收穫也病害有葉腫病斑點病蟲害爲切蟲黃螢等

七葡萄　葡萄有蘸葡萄牛奶葡萄水晶葡萄色呈黃紫綠白紫葡萄品味甘酸香氣又高水晶葡

萄則果粒既小品滋酸多於砂質土壤中栽培之繁殖法依插木壓條栽培方法以苗木之枝蔓架以木柱而爲下垂式剪定修盤儘其自然放置而已葡萄之蔓春季栽植秋季形成新生枝之葉腋翌春發育卽可開花結實病害有立枯病白澁病蟲害則有天牛食葉蟲

八棗　棗有有大紅棗小紅棗之別多栽培於粘質土壤繁殖大抵由於根生行分根法每年清明節前檢强壯之根以備栽植俟長至四五尺高再行定植蟲害多在始萌發時有綠色食葉蟲以人工捕滅之

九核桃　核桃性强健隨地皆有栽培之者本縣南部砂質壤土及具有傾斜之山場爲花崗岩分解之壤土栽培尤爲佳妙繁殖法多用種生待其發芽長至三四尺高時再行定植栽植時期以秋季爲佳五年後卽可結果也病害以腐朽病黏液病爲多發現尙少蟲害則天牛象鼻蟲蛅蟲食葉爲甚豫防稍有疏忽爲害非淺

十栗　栗多生於山野樹性强健果實味亦甘美耐於久藏不易腐敗多栽培於砂質土壤中頗爲旺盛故俗有桃李三年之稱卽謂實生栽植後三年卽結果也繁殖法通常實生不用接木栗樹通常不施肥料其習性與柿同果實於毬先端破裂則完熟矣病蟲害於核桃同

十一軟棗　軟棗繁殖用播種法取種子於冬季播種翌年四月間即可萌發以後任其生長即可結果其二三年生苗木可作爲接柹砧木之用

十二山查　山查分實查面查二種品味甚酸常供藥用北鄉及南鄉一帶隨地栽培之土壤含有砂質石灰性

十三石榴　石榴有酸甜二類品種甚多品質極適口腹繁殖法插木壓條均用之蟲害以天生棲息樹幹爲害頗鉅

十四其他　如橘櫻碧桃無花果等均有栽培之者惜無特別方法且產額亦少茲從略

第二十一節　蔬菜

北園爲蔬菜發達之地溯其起原由來已久河流交錯水渠普遍土質黑鬆肥料全恃用城中之灰糞灌溉便利農民衣食多仰給於此其他各處亦復不少西鄉大槐樹東鄉張馬亦頗著名惜保守性過富弗知研求新法數十年來之栽培法一仍舊日之成規故其進步極緩茲調查其習慣上之栽培手術而記錄於下

一韭　韭有春韭夏韭二種春韭於二月間先植韭秧於苗床六月間栽植於本圃八九月可割二

次第二年可割五六次冬日用之最鮮夏韭係六月種八月移植第一年不能收穫第二年可續割七八次無論何種養秧及初移植時施用豆粕及堆肥肥料每割一次即施用一次割後即灌溉之冬日於畦上蓋覆稻草以蔽寒風蟲害有蛆蟲於春日柳絮落地時生之通常用洋油拌水撒於葉上即可防治

二葱　葱有春葱秋葱二種春葱二月養苗至六月即行移植冬季賣老葱秋葱七月種至翌年清明後賣小葱栽培法均係直接播乾種基肥一次追肥二三次係施用人糞灰糞平均十餘日灌溉一次天旱時易生黃葉病除急速灌水外尚無妥法治療

三王瓜　王瓜有迎春種五月種六月種即每年種三次也迎春種置種子於布袋中浸以清水置之温暖處俟過三四日後即可出芽再移植畦中五月種六月種直接播種於畦中栽植或播種一月後即可設架使其蔓徐徐生長栽種時用堆肥一次生長期不過百日即行扯秧矣每有似黃螢色之蟲爲害普通以人力捕之

四蒜　蒜有明蒜嘉祥蒜二種嘉祥蒜之成熟較明蒜爲早於八月間插蒜種翌年五六月間收穫施基肥及追肥多用豆粕堆肥等立冬後覆草柵或白草於畦面清明後去之其副産爲蒜苔（

卽蒜條）分爲二種卽摘條與打條是也摘條不能作蒜種用平常十日灌漑一次虫害與韭同

五包頭白菜　包頭白菜分二種爲結球白一爲結筒白於七月播種於苗床二十天移植畦中立冬後收穫貯爲冬用之菜苗床用糞豇豆爲肥料移植後兼爲點肥施於每株一周圍俟菜心始行合抱即將皮葉裹上用土壓妥期其多生嫩葉平均十日灌漑一次苗床期易被黃螢之青色幼蟲侵害天旱時蚜蟲爲害亦鉅經大雨後尙可救護

六苔菜菠菜　苔菜及菠菜皆於七八月間播種生長至明年春間播種一月以後即行間拔并施用肥料促其繁茂立冬後即敷白草以避寒害淸明去之但菠菜比苔菜抗寒力較大惟至小雪始蓋白草亦有作柴籬以防北風之愼重老農

七水蘿蔔胡蘿蔔蕪菁及辣菜　此數種根菜其栽培法畧同初秋之時直接播種於畦秋末冬初收穫之基肥用堆肥後施大糞爲追肥播種四十天以後平均十日灌漑一次每有綠色小蟲囓其葉心因以枯死用百部煎汁撒之即可滅殺

八芸豆蠶豆　芸豆分秋夏二種於近春與伏間各種一次將種子直接播於田畦土宜鬆但不喜過濕亦不上架至六月底收穫但伏間種者宜背陽喜潮濕生長極盛其未發芽時宜敷稻草於

畦面以防烈日之照射一月後即行上架至霜降收穫終止播種及上架前兩日各施肥一次以堆肥及人糞爲佳摘豆期兼日一次相隔七八天灌水一次秋豆較脆於夏豆蠶豆僅迎春種之至五月底即收穫

九茄子 茄有長圓二種均係迎春種種時先將茄種盛於袋中用水浸之置於温暖地方俟發芽後即將田畦整理濕潤播種於苗床至清明後分植於畦中同時施用芝蔴粕肥料至四月杪即結鮮小之茄摘至九月間降霜即死平均五天灌溉一次須時時中耕使畦土鬆軟以助生長幼小時見有灰色小蟲與地皮同色以水冲之即死

十莙蒿 莙苣立秋即種將種子置於布袋內放置井中下端以水面接近上蓄荷葉三天即可發芽一月後即行移植亦宜鬆地且喜大糞生長期中多使三五次方能成長迅速隨時取用至霜降後止遇霧則葉濫坐視失敗不知用煙薰法以補救實深可惜

十一芫荽芹菜茴香 此三種亦爲同法之栽培有春秋二種春種生長至六月秋種至年底均係直接播種基肥追肥均施大糞之細末土壤喜輕鬆勤加鋤理收量甚豐但茴香每本距離稍遠爲佳

十二南瓜葫子及冬瓜　此三種之栽培法相同播種手續亦同茄子但水宜小不宜陷沒幼稚苗葉至七月間卽行收穫但葫子冬瓜僅至四月杪其特別處理法秧長成後一見瓜胎卽切去秧之鬚端不可使結二瓜以上基肥係灰糞追肥點施大糞卽可其畦土宜鬆七八天一次灌水

十三芥菜　芥菜於八月底播種九月底收穫根菜成熟最速然其種子至翌年三月底始能成熟磨碎卽爲佐理食品之芥末施灰糞及大糞處理法極爲簡單十天一水土宜輕鬆

十四大椒　大椒有數種於近春播種亦須浸種不令出芽播於灌水畦中基肥用堆肥用堆肥追肥用大糞至清明節分秧用土培壅其根部以防風害亦喜土質輕鬆故須鋤之六七天灌水一次至四月底見鮮椒霜降卽枯

十五山藥　山藥以張馬產出者爲最佳於春分時取宿根截成數段將地掘起定植其中苗長生葉結以葦架以便纏繞除草中耕二次秋分後採葉腋熟實俗云山藥豆掘取宿根以供販賣

十六茼蒿　茼蒿於春分後擇肥沃地將種子直接散播徐徐發芽芽長後行間拔三次除草二次時時灌水春秋兩期收莖葉翌年春間收籽種

第三十二節　花卉

本縣產出花卉爲數甚多原發達於西鄉官莊營莊嗣因商埠發展地畝多建房屋此業因以零落現東關一帶稍有添設將來發達未可預料菊荷牡丹桂花丁香玫瑰月季芍藥木槿海棠萬年青吉祥草百日紅之屬皆有而一年生草花所產更多每年獲利更鉅茲將重要者分列其栽培法於下

一菊　菊種類甚多顏色亦頗繁雜紅白黃紫無一不備多於黑鬆土質中栽培之於三月間分植四月間摘尖五六月以後施用肥料習性最宜潮濕夏季灌溉時以清水爲要

二荷花　荷有紅白單複數種宜黑色黏性之土將水田尾乾擄取浮泥植荷秧於其上宜疎不宜密將原有之泥覆其上俟有晒乾裂紋始引水入內五月間即可開放綠葉之田映紅白之花日光之下頗饒雅趣

三牡丹及芍藥　牡丹及芍藥有紅白綠黑數種爲羣花之王花容嬌艷以粘性土壤宜栽培之用每年春季開花豫用猪腸冬季埋於花下花放時異常茂盛

四桂花　桂有金桂銀桂之別即黃白色桂花也多係盆栽供玩賞之用於春季取幼芽插芋內同埋土中易於生根開花須在三四年後

五丁香　有白紫二種香味極濃於每年春季樹條插之卽可成活二年以後卽可放花

六薔薇月季玫瑰　此三種花卉栽培方法相同極易生長每年春夏間插杆翌年春卽可開花顏色黃白紅紫皆有香色馥郁宜粘性土而月季有按月開花者謂之月月紅尤爲佳美

七繡球　繡球花銀紅色凡粘性之土均爲合宜於春季萬物萌芽之時擇其新生挺枝截下插於泥中常澆以水不使土紋龜裂爲度

八其他　如萬年青吉祥草木槿海棠等栽培法不出上列範圍茲從略

第十章　蠶業

第三十三節　桑

一桑之種類　有魯桑野生桑荆桑穉桑數種係多年生之喬木

二桑株產地及面積　全縣均宜栽培據調查之結果計一萬七千六百餘株新栽湖桑九年三千餘株十年六千餘株十一年度八千四百餘株及近年續栽成活數八成以上總計現時有桑樹九萬餘株均散園野無一定之面積

三桑之培養法　桑由種子自然落地生長之一年後置園野任其發育爲多年生之喬木其嫁接

者爲魯桑近年來有湖桑之分佈間有用新法修整者

四桑之收量及市價　每株平均收桑葉二十餘斤蠶兒四五齡時平均每斤百餘文故購桑養蠶者有賠累之虞

第三十四節　柞

一柞之種類　柞有大葉小葉兩種大葉爲槲小葉爲櫟

二柞樹之產地及面積　柞之產地多在南鄉仙台各里內栽植約有五六千株散植山谷

三柞之培養法　依自然繁殖者居多其培植者係取橡子埋置坑中坑深二寸每坑中二三枚十餘日卽發芽四五年後即成株從根砍斷則枝葉愈茂剪斷枝條則發育更速養成拳式者不能開花結實枝葉肥嫩最宜飼蠶其培養喬木者能開花結實此種葉小而薄不宜飼蠶

第三十五節　蠶及柞蠶

一養蠶戶數　養蠶者以東鄉爲最多南鄉次之柞蠶僅限於南鄉一部分爲數甚少均無確實之統計

二蠶之種類　原有之蠶有一化性三眠四眠二種近來亦有新元諸桂種發見於鄉村柞蠶有咸

海關東兩種

三蠶之飼育法　鄉間蠶戶概用舊法温度之高低氣候之乾濕給桑之多寡均不注意故往往發生膿化病白僵病等柞蠶種春末孵化隨將蟻置於多葉樹枝俟其將葉食盡則將枝條剪斷移放他樹並隨時驅除禽鳥消滅害蟲

四繭之價格　鮮繭每斤七角左右乾繭一元五角上下柞繭每千個三元左右

五絲之製法　鄉間製絮概用土法以人工繅之色澤不良

附提倡蠶桑情形

境內養蠶之家頗多惜產頗甚少因桑株太少蠶種惡劣以致不發達實業局每年分佈蠶種分配桑秧並印刷栽桑養蠶淺說發給鄉農以資改良飼育

第十一章　畜產

第三十六節　禽畜

一禽畜之種類　家畜如馬牛羊騾驢家禽如鷄鴨鵝境內皆有之農校洪家樓天主堂飼養外國種類不少

二禽畜飼育法　騾馬牛驢皆飼以穀楷麩豆多行舍飼而山村農家有放牧者羊均牧於山野冬季飼以枯草猪皆舍飼給以糟糠鷄則庭飼給以雜谷鴨皆畜於池農校各種家畜之飼育管理均依合理之新法

三獸疫狀況　獸疫發現極少間有發覺鄉中獸醫卽可療治倘係瘟疫束手無策任其傳染爲害殊甚

四畜產物之消費及價格　羊毛猪毛雜骨牛皮爲出產大宗除少數供給本地餘多出口牛羊肉每斤兩角猪肉三角鷄鴨以每隻單位鷄自四角至六角不等鴨須一元五角上下

五牛乳塲　東關一帶業牛乳者有十一家飼牛自十三頭至四十餘頭林家奶坊開辦已四十餘年生意頗佳然對於淸潔殺菌均不注意是其缺點

六養蜂狀況　縣屬養蜂之家隨處有之但新法管理者僅權府莊有之峰羣二十四窠正在試驗期中

第十二章　林業

第三十七節　林業現狀

境內林野狀況尚不荒癈北園一帶樹林尤多綠蔭夾道風景宜人南部尤多果林現在森林公司接踵而起育苗公司亦設立極多實業局倡提林業公會以促進造林之發展茲列其現狀如下

一林木之種類　林木有側柏菓槐楡楊柳等

二林木之多少　境內各種林木舊有一百餘萬株今來提倡栽樹三年內增加五十餘萬株

三林區之面積及地點　千佛山馬鞍山燕翅山等處爲農校林塲統計面積千餘畝四里山及柳埠爲濟南森林局之林塲統計二千餘畝千佛山西麓爲學界公有林膠濟鐵路及林家橋附近之菓樹均已成林約一百餘畝其他如振華公司承領鑾子洞等處豐業公司承領金牛山等處達生森林公司承領雙龍山等處邵而鄉林業公會承領奎山等處劉文鎔承領雙尖山等處余宗興承領打虎頂等處龍窩育才林業公會承領馬武寨等處叚華堂承領欒山等處魯兆德承領西粟山等處統計面積二百餘方里

四森林之經營及保護法　縣屬森林多係團體經營故經營計畫尙稱完備著著進行不遺餘力至於保護方法縣署實業局負完全責任盜伐傷損等事發生處治極嚴

五林木之產額　本縣林業尙在幼稚時代產出林木不敷供給太多故價格極昂

六苗圃之現況　苗圃極多成績良好者亦不少縣立苗圃在西鄉辛莊十二年開辦他如同立農場中華農林公司振華森林公司大興公司成績頗有可觀現在始組織者如華陽公司植葉苗圃尚無成績可言新農園興農社已卜就荒廢而私人所經營之苗圃尚有四處苗木種類爲數頗少

附提倡林業情形

本縣農民素知種樹之利惜昧於保護爲難之習俗而不敢多植以致不能發達自實業局成立極力提倡印刷各種林業淺說以激鄉民之活動復提倡林業公會以爲贊助種樹之機關並製造揭示牌若干分訂衝要區域及各名勝處所且不時派員赴鄉實行勸導講演將來收效當可預卜矣

第十三章　特別出產

第三十八節　農產製造

北園及大明湖地方除產蔬菜外菱白蒲荀菱角產量亦多藕以鐵公祠附近爲最優東鄉之鮮菜菇尤爲佳美其他如農產製造沁芳齋遠香齋之醬油洛口義盛之醋勝紹公司之魯酒美利公司

之香稻酒洽興公司之豆汁公記之罐頭均極有名

第十四章　工業

第三十九節　工業狀況

本縣工業向爲發達家庭工業更爲普及東鄉之綢業北鄉之布業行銷各省前清末葉新式工業甫經設立尚無出品之可言民國以來其勃興之程度實出常人意料之外而大規模之工廠使用機械工作者已達七十餘處故各項出產額數較前清末年其發達之程度實所罕匹茲列普通工業之概況如下

一紡織業　本縣織業向屬發達男耕女織存有古風東鄉党家鄉南部各里村莊製綢業現有壹百六十餘家近年華絲葛盛行該處亦從上海購置加珂爾提花機運用土布以東北兩鄉爲多情形與往年無甚出入城區之製織毛巾柳條被面洋襪套頭帽者有二百餘家獲利甚厚

二釀造業　釀造事業以酒類醋醬油豆油花生油麥糖爲最多酒店二百餘家醋出於洛口鎮四十餘家行銷北京天津上海等處醬油各醬園均製作油坊糖坊散及各鄉油坊一百六十六家糖坊二十七家

三化學業　化粧品各肥皂生髮油雪花膏等製作品以熟革鍊皮等年來銷路頗盛肥皂店六十三家化粧品七家製革家十二新式製革者七家而洋燭製造自九年以來日漸繁多惜夏季作品不易凝固是其缺點

四編組業　髮網草辮編物均產之髮網以十年爲最盛十三年一蹶不振本年各髮網廠漸有恢復之勢草帽辮各鄉編者不少多爲自用不成貿易品藍筐竹器籐器城內居多數惜工作粗燥僅供農用而已

五窰業　近年因建築繁興窰業亦因之發達商埠及附近各區石灰磚瓦等窰有三百餘家據調查所及每年所出貨物尚不敷供給之用其他各陶器玻璃器皿出品甚夥皆行銷本埠及附近各縣

六鐵木石工業

一、鐵工業　本埠各項工廠林立鐵工亦因之發達此必然之勢約五十餘家類皆修理事業兼製作鐵櫃水車小件製品能以製作發動機者不過四家

二、木工業　建築事業日多木工以隨之活動包作房架工程之工廠有二十一家之多而新

式木器鋪四十餘家舊式木器店二百餘家

三、石工　近年建築發達石工亦隨之增多本年整理市政翻修石路有五百餘人從事工作

七製香業　三十六家在洛口閘子一帶

八工業家數　工廠九十一家各項工業五千二百八十一家

九特別製作品　濟新公司之洋瓦致敬公司之洋灰水泥興華公司之化粧品普利公司之玻璃絲屏華興公司之各種洋紙振華公司之火柴泰康公司之各種罐頭鵲華公司各種製革豐華公司之各種洋針健生公司之皮球網球拍子勝紹公司之魯酒源興號各種絲織品裕興公司之乇生美女愛國牌染料德昌工廠地毯國學理化社石印落墨糊精電鍍品

第十五章　商業

第四十節　商業狀況

本縣地居省會商業素稱發達自城西五里溝闢商埠膠濟津浦兩鐵路築路四通八達交通便利故各項堆棧倉庫設立極多商品運輸敏活成爲北方商業重鎮惜歷年時局不定軍事迭興受交通不便之影響商業極形蕭條幸膠濟鐵路照常行駛運輸貨物尚不蒙絕大之損失

一商號　八千九百九十九家

二市場之重要地址　城西西門大街院西大街院東大街芙蓉街大小布政使司街後宰門芙蓉巷鞭指巷東門大街城外筐市街花店街普利大街城頂街估衣市街剪子巷正覺寺街南關大街商埠二大馬路緯三路至緯七路間魏家莊棉石橋等處

三輸出入貨品

一、輸出商品　棉花麥粉落花生桐木牛隻雞卵麩花生油豆類棗華絲葛

二、輸入商品　棉布烟捲小麥茶葉砂糖紙高粱石炭鐵鐵製品木材顏料火柴等

四金融狀況

一、金融機關　本縣金融機關除銀行外勢力較大者當推一般銀錢號外人所辦銀行則有日商三家專與日僑往來華人向不與發生關係各銀行發行兌換券各銀錢號亦可自由發行紙幣

二、銀行　二十餘家以民國十二年最爲發達

三、銀錢業　一百八十餘家近因取締紙幣倒閉者約有四十餘家其中前清開設之老字號

約占五分之三多係富商舊家所經營規模雖小異常穩固新設之字號類皆與政客軍人有關眞正商人極少規模雖大內容不盡充實近來金融恐慌更復設立多數小銀號專作投機買賣利市三倍市民受鉅大之損失

四、通用貨幣　分硬貨紙幣二種

甲、硬貨　銀元小銀元銅元

乙、紙幣　兌換劵角票吊票

五、借貸款項

甲、貸款之手續　貸款者央中人向出貸者請求出貸若干言明月息幾分限期幾月始結立貸款契約屆期償還至期無款償還時續結契約延期幾月重新貸用昔年貸款時並無索以物爲保證者由中人負責即可近時貸款除親友通融外均以不動產之房產地土文契爲抵押品否則難以達目的

乙、貸款之利息　貸款在京錢百吊文以下者利息概爲二分以上三分以下京錢數百吊者利息多爲二分京錢在一千吊以上利息多爲一分以上二分以下近年生計艱難每遇

金融恐慌之時貸欵百吊利息增至六七分往往有之陰曆年關利息增漲尤甚

五外國貿易　旅濟外僑爲日英德法美比荷等國僑民三千四百三十九人洋行二百一十一家

六商埠　光緒三十年膠濟鐵路告成山東巡撫周馥奏請開辦勘定城西爲商埠東起十王殿西抵北大槐樹南沿長清大道北以鐵路爲限今以商務發展開拓南北商埠北商埠東盡津浦鐵路北抵洛口鎭西以黃河碼頭黃家屯莊南接官紮營南商埠自七大馬路以南開拓至陳王二莊止正在規劃中

第十六章　礦業

第四十一節　礦產

本縣向無礦產開採南山一部有煤鐵銅礦東梧鄉桃科有人承領開採銅礦迄未着手實行又城西筐山亦有煤礦民國十年有人承領地方紳董認爲距商埠黃河太近恐有危險一致反對官廳未准所請

第十七章　漁業

第四十二節　漁產

境內魚類產出甚多黃河太平河小淸河大明湖張馬湖白雲湖各處有捕魚者多爲鯽魚鯉蝦類市售之魚多數販運而來大明湖北園一帶養魚池有三十三處得利甚厚均係乘市上缺乏時投機售賣

第十八章　交通

第四十三節　郵政

郵政局設立始光緒三十二年在府門前路南規模極爲狹隘迨民國元年移於院西大街民國七年山東設郵務管理局而郵政益臻便利城內遍設支局而鄉區亦有巡行郵差全縣幾皆可直接通郵矣

一郵政局

一、管理局一

甲、山東郵務管理局　在商埠二馬路

二、支局七

甲、支局第一　在院西大街

乙、支局第二　在東門裡
丙、支局第三　在小布政使司街
丁、支局第四　在正覺寺街
戊、支局第五　在西關筐市街
己、支局第六　在津浦車站
庚、支局第七　在緯八路

三、等級郵局

甲、二等郵政局　在辛莊
乙、三等郵政局　在洛口洪字街

四、郵政代辦所

甲、龍山鎮
乙、郭店
丙、終宮鎮

乙、党家莊

戊、焦家集

己、老僧口莊

第四十四節　鐵道

本縣城當膠濟鐵道之西端津浦鐵道之中心於本縣工商業之盛衰極有關係茲將兩鐵道境過本縣之情形如下

一膠濟鐵道　總站在商埠大馬路東四里爲小北門車站亦稱北關又東五里爲黃台站又東二十里爲王舍人莊站又東二十二里爲郭店站再東二十五里爲龍山鎮站再東十二里入章邱境

二津浦鐵道　總站在官紮營南膠濟路北稍東北行十二里爲洛口站逾河再西北十八里爲歷城齊河交界之桑梓店車站南行十八里爲白馬山車站再南十二里爲歷長交界之党家莊車站

第四十五節　電報

一電報　本縣境內電信直接屬於電政監督分電報無線電報河工公電報三種無線電專供軍用河工電報專用河工省外國外均可直接通報

二電報機關

一、電政監督處　在商埠膠濟車站迤西

二、濟南電報局　在商埠膠濟車站迤西

三、歷城電報局　在寬後所街

四、無線電報局　在城西張莊

五、河工公電局　在省公署內

六、河務局電報局　在河務局內

第四十六節　電話

一電話　本縣設立電話始於宣統二年爲磁石交換機自民國十二年實用火電全市通話家二千三百五十家洛口鎮尙用磁石交換機濟洛可以直接通話至爲便利

二電話機關

一、濟南電話有限公司　在普利門裡鳳凰街

第四十七節　道路

本縣地居省會四通八達路政亦異常整齊城關商埠馬路由市政廳提倡興修交通極爲便利民國九年設有全省路政總局規劃汽車道路事宜在本縣興修者已有下列數路

一濟洛馬路　由濟南至洛口鎮長約十二里民國十三年興修

二新城馬路　由洛口路林家橋至新城長八里十四年興修

三濟張馬路　由濟南至張十二里民國十五年興修

四千佛山馬路　由南圩門外至千佛山長四里民國十六年興修

五歷長路　由商埠緯九路起至歷長交界党家莊入長清境爲濟徐汽車路之一部分

六縣道有六尚未興修

一、東大道　由東圩門華園莊起東至歷章交界辛店止

二、東北大道　七里堡東至歷章交界葛而莊止

三、北大道　東圩門外北至黃河濟陽交界崔家寨止

四、西大道　自大槐樹至筐山止

五、西中大道　自辛莊至歷長交界衛化莊止

六、西南大道　自桿石橋外至歷長交界井家溝止

第四十八節　航行

一飛艇　民國十年八月本縣初有飛艇航行由北京來濟且兼辦郵政惜營業不發達未能持久遂因以停頓城西張莊設立航空學校及航行隊專以供軍事之用

二舟船　黃河自長清齊河入境東至濟陽縣境長約五十餘里舟船二千餘艘往來上下游各處運輸貨物頗稱便利小清河自西城門外起至張林入章邱境長約九十五里船數約有一千一百餘艘往來行駛運輸貨物極爲便利

三碼頭　黃河以洛口鎭爲最繁華其東北邢家渡河套圈亦甚興旺小清河以黃台橋爲最旺其東壩子唐王道口鴨旺口張林亦極便利

第十九章　水利

第四十九節　灌漑

一鑿井　本縣自民國十年以來每年天氣亢旱雨澤愆期二麥秋禾均歉收經實業局督催鑿井已著有成效使用水車者亦歷年增多本境南部地勢高燥及黃河以北地性沙淤對於提倡水利極爲困難現查近年新鑿井孔六千叁百〇四眼於生活問題似不無裨益耳

二通渠　城北北園一帶爲歷水濼水之流域農民多利用通渠以資種植蔬菜歷經多年附近五十餘村藉以生活實業廳設監閘委員專司啓閉以重農時

第二十章　古蹟

第五十節　城池

一城垣　位於東經一百一十七度八分十三秒北緯三十六度四十五分二十四秒土城建自漢時晉永嘉間自東平陵移治於此洪武四年始內外築以磚石周圍十二里四十八丈高三丈二尺四門東曰齊川西曰濼源南曰歷山北曰會波道光十六年挑挖護城河一道東西濼河二道共計長四千二百一十六丈趵突泉河一道計長一百六十三丈南門外西山水溝一道計長八十六丈縣城東西南三門皆重闢清宣統元年人民殷繁車馬途塞乃復闢四門在西南曰坤順在西北曰乾健在東北曰艮吉在東南曰巽利惟艮吉以出入人少常閉不啓敵臺共十三座宋

中丞建崇正閘西北增置四座垜口共三千三百五十個城樓官廳門各二座惟北門止二座

二石圩　咸豐十年捻匪北竄官紳築土圩以環之周四十里同治四年改建石圩以城北多水缺其一面減土圩之三自東北而西北共計三千六百七十丈高一丈二尺基厚一丈五尺頂厚一丈爲垜三千三百零九個門七東南曰永固南曰岱安西南曰永綏正西曰永鎭西北曰濟安東北曰海宴東曰永靖砲台十四座石圩門舊只其七自商埠開民物殷繁道塗壅塞遂於永鎭永綏之間闢門二北曰普利門南曰麟祥門永綏岱安之間闢一門曰新建門

第五十一節　城址

一東平陵城　在縣東八十餘里相傳爲殷帝乙所都距龍山鎭十里現僅城南面尚有城址可考面積官畝四頃城中全種植禾稼收穫量較他處爲多

二譚國故城　在東平陵西南五里由城莊之北現有土壘可考面積二頃有餘

三平陸城　龍山鎭相傳爲平陸城故址

四臺城　東平陵城西全節河莊莊東南有臺城故址唐改稱全節縣齊天保間其城廢

五巨合城　城東龍山鎭爲巨合城门宋爲龍山鎭

第五十二節 故宅

一秦叔寶宅 在西關五龍潭醫院有碑碣可考

二張養浩宅 在城內布政使司大街路東後改祠由城北雲莊移此

三李滄溟宅 在趵突泉白雪樓

第五十三節 亭館

一歷下亭 在大明湖中央不知建自何時杜工部詩曰海右此亭古蓋不始於唐也

二天心水面亭 在鵲華橋北即今坐南向北一帶之民房也今廢明建文時鐵鉉犒軍於此

三觀瀾亭 在趵突泉內

四望鶴亭 在趵突泉內

五悠然亭 在山東大學校內

六一覽亭 在千佛山上

七霖雨亭 在五龍潭

八滄浪亭 在鐵公祠

九 曲水亭　在後宰門白花橋前

十 放鶴亭　在西公界

十一 放心亭　在實業廳內

十二 四面亭　在趵突泉

十三 山陝會館　在布政使司大街

十四 河南會館　在榜棚街

十五 江南會館　在寬厚所街

十六 浙閩會館　在寬厚所街

十七 八旗奉直會館　在王廟池

十八 湖廣會館　在小布政使司街

十九 江西會館　在萬壽宮街

第五十四節　樓閣

一 白雪樓　在趵突泉東

二雲漢樓　在濟南道署

三枕湖樓　在翟家牌坊路北南姓宅內

四壽佛樓　在西公界北首上供奉大士像

五白雲樓　在督辦公署內

六滙波樓　在北門上

七文昌閣　在縣學街

八三角樓　在城東南隅

九五聖閣　在司里街

十宴公臺　在張公祠東

十一閱武臺　在南教場一名演武廳

十二釣魚臺　在佛峪南

第五十五節　書院

一至道書院　即今財政廳房舍今廢

二閔子書院　在城東五里閔子祠天歷年間建今廢

三白鶴書院　在城北白鶴莊西其舊址現爲高中文科校舍

四濼源書院　在城內大街舊爲都司官署嘉慶九年重修光緒二十七年廢書院改爲山東高等學堂今爲山東第一師範學校校舍

五景賢書院　在東城根康熙五十七年建名振英書院道光二年更名景賢書院光緒二十七年廢書院改爲東運中學校今爲女子中學校校舍

六濟南書院　在西公界北首嘉慶九年以壽佛樓改稱濟南書院光緒三十年改爲濟南中學堂今爲教育局及歷城慈善公所辦公之處

七尙志書院　在西關金線泉側明進士谷繼宗別墅同治八年丁公寶楨建爲書院光緒二十九年改爲校士館旋改爲師範傳習所旋改爲存古學堂今爲山東大學校校舍之一部分

第五十六節　陵墓

一太甲陵　相傳在歷山南今已失考

二閔子騫墓　在城東五里旬柳莊莊北有祠

三張養浩墓　在城北五里張公坟莊
四鮑叔牙墓　在城東三十里王舍人莊東鮑山上
五扁鵲墓　相傳在鵲山西今已失考

第五十七節　祠宇

一閔子祠　三處一在城東何柳莊北一在城內小梁隅首均宋時所建一家祠在城東八十里西溝頭莊爲先賢降生處該莊產生蘆葦故鞭打蘆花一節信不誣也先賢後裔居是莊者一百五十餘家
二崇正祠　卽華陽宮在華不注山下
三張文忠祠　在城北雲莊(現稱張公坟莊)元朝建明初移於大布政使司街路東
四七忠祠　在西門內北胡同祀死難鐵鉉七人萬歷年間新建
五三公祠　在司家碼頭原稱薛王二公祠祀薛瑄王守仁後合祀許忠節稱三公祠乾隆三十四年又增施閏章黃叔琳名五賢祠
六雙忠祠　在雙忠祠街祀明臣宋學朱及韓承宣康熙丙戌建

七忠烈祠　在小布政使司街祀明布政使張秉文康熙十六年建

八曾公祠　在張公祠東祀曾文定公道光六年重修

九鐵公祠　在大明湖西隅祀明鐵鉉乾隆五十七年建

十佛公祠　在鐵公祠東祀佛倫與鐵公祠同時建

十一忠親王祠　在八旗會館東祀忠親王僧格林沁同治四年建

十二昭忠祠　一在督城隍廟西一在南關太公廟東祀川楚教匪陣亡將士

十三丁公祠　在金線泉東祀山東巡撫丁寶楨光緒十四年建

十四閻公祠　在鵲華橋東祀前山東廵撫閻敬銘光緒十八年建

十五張公祠　在滙波門內祀前山東巡撫張曜光緒二十年建

十六李公祠　在貢院後祀李鴻章光緒三十年建

十七潘公祠　在李公祠西祀布政司潘駿文光緒三十年建

十八周公廟　在東流水滙西祀湖南提督周盛波暨弟盛傳宣統元年建

十九戴公祠　在周公祠西祀戴宗騫宣統元年建

二十崇聖祠　府學崇聖祠在府學東縣文廟崇聖祠在縣文廟東

二十一鄉賢祠　一在府文廟一在縣文廟附近

二十二名宦祠　一在府文廟一在縣文廟附近

二十三蕭曹二公祠　在西公界題壁堂

二十四浙紹鄉祠　在院西大街

第五十八節　寺觀

一神通寺　一名朗公寺在柳埠東南苻秦時皇始元年初建

二般若寺　在東佛峪內寺創於隋文帝時有開皇七年造像可考

三興國寺　在千佛山上舊名千佛寺隋開皇時鐫佛像於山陰唐貞觀年間建築神殿

四回龍寺　在王舍人莊西隅唐貞觀年建

五興龍寺　在王舍人莊東北隅唐貞觀年建

六黃桑院　一名兜率院在龍山鎮八里唐貞觀四年建

七開元寺　一名佛慧山在大佛頭崖下建築不知始於何時據碑可知在宋以前

八華林寺　正覺寺東唐天寶十年建
九九塔寺　在通神寺東建自隋梁間唐天寶大歷重修
十白雲觀　在礦村莊相傳建於唐
十一禪靜院　在龍山鎭北建於後唐初名新禪宋治年始名禪靜
十二水月禪寺　在中宮東天福建
十三洪福寺　在中宮東天福間建在
十四長春觀　在西關五路獅子口西宋大觀五年正德三年重修
十五壽聖院　在西宋洞宋英宗治平四年詔民間輿修賜各壽聖
十六淨居寺　在東園子門內迤南宋建明重修
十七會仙寺　一名東窪寺在城東九十里在東窪寺莊莊外宋建元重修
十八雷音寺　在黃河史家塢一名釋迦院宋建元重修
十九永興觀　一名岱密菴在柳埠東南不知初建天定時重修
二十龍泉寺　在老僧口鄉韓家莊元建

二十二清寧寺　在黃河北清寧寺莊元中統間修

二十三南泉寺　在中宮東南元至元間重修

二十四迎祥宮　在舜井街元至元十年建明永樂中重修

二十五岱嶽觀　在南門外嶽廟東元大德重修

二十六醴泉寺　在中宮南南高而莊一名四合寺至正間重修

二十七升果院　在郭店北董家莊建自殘金滅時

二十八太平寺　一名孝感寺在西城根明初改稱今名

二十九正覺寺　舊在城內名鎮安院明永樂間移於南門外即今之以寺爲名正覺寺街也

三十十方院　在朝山街迤東萬歷甲辰年建

三十一廣勝菴　在教塲東萬歷年建一名興隆菴

三十二安閑寺　在官驛街一名草寺明初建

三十三白衣菴　一在南門外教塲一在水月寺西

三十四三元宮　一在正覺寺西天啓七年建一在柴家巷東首

三十五靈官廟　一在桿石橋外一在鞭指巷北首
三十六朝陽廟　在南馬道
三十七毘盧菴　在曾利門內路北順治九年建
三十八水潮菴　在西南關山水溝
三十九甘露菴　在西門內順治初建
四十慈仁院　在布政司大街皇親巷康熙初建
四十一慈林院　在西公界康熙初建
四十二準提菴　在院西大街康熙初建
四十三圓通菴　在院東大街康熙初建
四十四伏魔菴　在南門裡
四十五碧霞宮　在後宰門門北明正德十二年建
四十六玉皇宮　一在西關五龍潭一在南關窰窩一在東南關東舍房
四十七海山宮　在南關太平街南

四十八昇陽觀　一在趵突泉一在西公界
四十九會泉寺　在大明湖東岸張公祠南嘉慶五年重修
五十靈鷲寺　在邢村不知建自何代明重修
五十一大悲菴　在海宴門外
五十二般若菴　在青龍街
五十三極樂菴　在青龍街
五十四彌陀菴　在東關山水溝

第五十九節　壇廟

一先農壇　在城東郊雍正四年初建今爲山東省農會會址
二都城隍廟　在按察司街中首迤西卽以廟爲街名不知何年創修崇正十一年燬於火募化重修
三五龍潭　在城西門外江家池北元至正間建
四馬王廟　在南關演武廳東康熙八年建

五太公廟　在南關演武廳東康熙八年建

六火神廟　在城南門外迄東崇正壬重建

七北極廟　在大明湖北岸

八文昌廟　在府學崇聖祠東院

九舜皇廟　在南門內西迤西

十關帝廟　在後宰門街東首路北乾隆二十五年改修

十一龍神廟　在芙蓉街中間雍正五年設福齊惠應神像建祠

十二將軍廟　在府城隍廟西雍正三年建

十三東嶽廟　在南關外岳廟前街

十四欒土廟　在趵突泉前門萬歷末建

十五縣城隍廟　嘉慶十五年創建於南關東舍坊玉皇宮內道光七年移城內廣豐倉之西

十六府城隍廟　在鞭指巷中間西街同治九年新建

十七水官廟　在碧霞娘娘廟東乾隆五十八年新建

十八風神廟　在水官廟東嘉慶六年創修

十九大王廟　舊在南馬道朝陽菴光緒初年移建於縣東巷

二十精忠廟　在南關三合街南首祀宋岳武穆康熙年間初建

二十一星宿廟　在南圍子門內萬歷末建

二十二晏公廟　在省議會西迤北

二十三張仙廟　在南關半壁街

二十四三皇廟　在東關青龍街

二十五黑虎廟　一在半壁街一現貢院牆根北

二十六速報司廟　在筐市街北首

二十七二郎廟　在縣東巷北首

二十八竈官廟　在棵石橋外

二十九金姑娘娘廟　在小布政使司街乾隆二十八年改建

三十現報司廟　在東關山水溝東

第二十一章　宗教

第六十節　道教

自民國元年設有道教總會在水湖菴統計廟觀一百三十六處道衆六百四十餘人

第六十一節　佛教

自民國二年設有佛教總會在星宿廟統計寺院三白一十處僧衆一千數百人

第六十二節　回教

清眞寺二所其教民散居西關圍屛街飲虎池麟趾巷桿石橋鄉區則散居西鄉黨家莊一帶其他村莊間亦有之民國元年創設回教俱進會會員三百四十餘人教民城鄉總計七千餘人

第六十三節　天主教

天主教始於前淸同治年間初設教堂於高都司巷繼以庚子賠欵建大規模教堂於東鄉洪家樓嗣因教民日衆商埠及西鄉陳家樓北園人和莊亦分建教堂焉教徒約三千餘人

第六十四　耶蘇教

耶蘇教始於光緒十三年屬美國之長老浸禮會設立醫院於東關活人甚多設學館教授華人子

弟學生約三百餘人其後英人設廣智院陳設博物天文地理種種物品藉爲傳教之媒介現在英美人合設齊魯大學分神醫二科並改廣智院爲齊魯大學社會教育科並美人聯合華人設青年會以爲播揚耶教之所而本地居民亦自立基督教會建築大規模之禮拜堂信仰之城關之佈道堂計有十七處教友約有一萬餘人

第二十二章　金石

第六十五節　金類

一三足鼎　徑一尺一寸

二秦權板　高三寸五分

三獸頭罍　高八寸圍三尺二寸

四三足鼎　高一尺圍二尺八寸

五提梁卣　高八寸

六鑼　高七寸

七鑼　高五寸五分

八流金鼎　高六寸

九方鼎　高六寸

十罍　高一尺五寸圍三尺

十一彝　徑五寸五分

十二彝　徑三寸六分

十三三足鼎　徑六寸

十四方尊　高一尺二寸圍二尺八寸

十五方尊　高一尺圍二尺八寸

十六漢銅鍋　高六寸

十七漢刀斗　徑六寸六分

十八漢盆　徑四寸三分殘

十九火碗四個　徑五寸九分

二十方尊　高一尺二寸殘

二十一漢壺　高一尺

二十二漢方壺　高七寸

二十三漢銅壺　高九寸

二十四三足鼎　徑五寸

二十五漢壺　高八寸

二十六漢壺　高九寸

二十七豆　徑五寸

二十八匜　徑七寸二分

二十九獻尊　連耳高九寸五分

三十銅佛　高五寸四分

三十一銅佛　高四寸八分

三十二銅佛　高五寸

三十三佛前銅供八件　高五寸七分

三十四銅鹿　高五寸
以上均儲省立圖書館金石保存所

第六十六節　石類

漢永和封墓刻石漢永和封墓跋漢梧台里殘石漢畫像十石嘉祥畫十石漢畫像嘉祥畫像跋漢畫像殘石漢畫像四石漢石虎銘食堂畫像殘石魏李壁墓誌魏介休令李謀墓誌魏於纂墓誌魏孫寶憘造像魏張道果造像魏崔承宗造像魏鹿光熊造像隋開皇造像唐張公佐墓誌唐天寶造像唐李擬官造像秦望山法華寺碑北齊世業寺僧曇飲造像大齊李得玉造像大梁陶遷造像後周顏上人經幢劉懷民墓誌在華山下宋岳武穆送張紫巖北伐詩刻石石鼓文十三甎唐顏魯公竹山連句石刻張公佐墓誌柳夫人陳蘭英墓誌尊勝經幢殘石說文統系圖刻石陸繼之摹禊帖殘石朱氏刻石康熙御筆龍飛刻石以上均存省立圖書館金石保存所該所爲羅提學使正鈞於前光緒三十四年所設立

漢麃孝禹刻石存東流水漢石園漢琅玡相劉君墓表在舊平陵城西漢成王畫像題字在十王殿旁魏法義兄弟姊妹造石窟像魏主元氏法義世五人造像魏法義兄弟一百餘人造像魏王僧歡

造像魏乞伏銳造像記魏姚敬遵造像魏清信女趙勝習仵二人造像魏高伏香造像記以上八種均皆在城南黃石崖

魏高湛墓誌在陶氏家中楊顯叔造像在神通寺東四門塔北齊崔顏墓誌在濟南沈氏北齊薛詋姫造像在廣智院北齊劉僧信同邑世餘人造像在省長公署北齊邑義主一百人造像在許氏家中

隋李惠猛妻楊靜太造彌勒像記李惠猛妻造觀音像劉洛造像夏樹造像殷洪纂造像羅記造像羅沙彌造像傳郎振造像王景遵造像羅寶奴造像張峻母桓造像顏海造像顏海妻展造像以上十三種造像記均在玉函山

隋劉景茂造像記時昔造像記李景崇造像記女永照造像記宋叔口造像記大象主吳口造像記宋僧海妻張公主造像記楊文蓋造像記女花仁造像題字造像殘字唵呢嚇題字解省引題字甲子等字殘刻以上十四種均在千佛山

隋比邱及智定造像記在九塔寺隋佛慧山殘字五種在開元寺唐比邱尼天畏造像記在城南神通寺四門塔唐僧明德造像記神在神通寺千佛崖馬舉墓誌在嚴氏家中乾封縣人張大娘造像

記在九塔寺李舍那造記在城南九塔寺唐章邱縣令王懷質造像等九種在神通寺千佛崖宋高直等題名在洞宋正覺寺金綱經幢在正覺寺內詮和尙塔在臥牛山永平寺元祁榮寺聖壽院殘碑在龍洞清隸書急就篇石刻在昇陽觀

清聖祖康熙高宗乾隆頒賜宸翰及巡覽御筆刻石於省城者甚多康熙御碑計在院署御碑亭十石在趵突泉御碑亭四十六石在濟東道舊署三石在運署二石在院署珍珠泉旁一石乾隆御碑計在院署御碑亭十一石在趵突泉御碑亭三石在歷下亭一石在鵲橋御碑亭一石

明楊繼盛書跡刻石在趵突泉呂祖廟後　清翁方綱書鐵公祠記刻石在鐵公祠　清翁綱書佛公祠記刻石在公佛祠　清何紹基書進學解刻石在樂源書院舊址　清何紹基書重修歷下亭刻石在古歷亭　吳道子孔子行教畫像刻石在府學大成殿

第二編　政務統計

第二十三章　內務

第六十七節　戶口

本縣戶口據民國十年清鄉全縣爲十一萬一千一二百餘戶男女百六十一萬一千九百餘丁口

十三年清鄉十五萬零八百八十戶男女百六十六萬七千零九十丁口十五年清鄉百十四萬貳千貳百五十三戶男女五十九萬五千六百八十六丁口茲將十五年統計表列左

歷城縣城區商埠街巷戶口統計表

區別＼項別	本區街巷	本區戶數	男丁數目	女口數目	丁口合計	備考
城內一區	五七	三九一八	五九七五	五一六七	一、一一四二	
城內二區	四八	四四六〇	七八一六	七一四九	一四九六五	
城內三區	五一	三五〇五	五五七七	四五四五	一〇一二二	
城外一區	七一	八四六四	一五六一二	一三七六九	二九三八一	
城外二區	七〇	五六六五	九九九四	七九四一	一七九三五	
城外三區	二三	三一一一	五九九五	五四一九	一一四一四	
商埠一區	五四	三〇七七	四五二五	三〇四九	七五八四	
商埠二區	一八	三八八〇	五六〇〇	四三三五	九九三五	
商埠三區	一〇	一二四八	一八七七	一五七三	三四五〇	

商埠四區	一一	一七三三	二七三二	二二九三	百〇二五	
總計	四一三	三九〇六一	六五七一三	五五二四〇	一二〇九五三	

歷城縣鄉區莊村戶口統計表

區別＼項別	本區村莊	本區戶數	男丁數目	女口數目	丁口合計	備考
犢馬區	四三	五一七九	一一八六四	一一三九四	二三五五八	該區附城各莊劃東北警區
董家區	七九	九〇七二	二二六〇三	二〇七八六	四三三八九	
党家區	一〇三	九八七七	二四二二三	二一八六〇	四六〇八三	
老僧口區	八七	一〇二六六	二五二六二	二四三三〇	四九五九二	
遙墻區	五一	五〇五九	一二五五〇	一一四五九	二四〇〇九	
清寧區	七〇	五一二四	一一五四九	一一一八一	二二七三〇	
馬家區	七五	五四六一	一二五八六	一二五二一	二五一〇七	
泉路區	四〇	二〇四五	六八四九	五六八八	一二五三七	該區附城各莊劃西南警區
邵而區	五七	六一六〇	一六七〇四	一四九三五	三一六三九	該區附城各莊劃入西南警區

終公區	六五	六五二七	一九八四八	一六六五四	三六五〇二	
東梧區	七一	九〇六九	二三三五七	一九二八二	三四六三九	
洛口區	一二	一〇五五	二五七〇	二五七六	五一四六	該區附城各莊劃入東北警區
東北警區	一五六	一四九二八	三二四八七	二七二五八	五九七四五	
西南警區	一四一	一三六九一	二七八四五	二三八六一	五〇七〇六	
總計	一〇五〇	一〇三五一三	二五〇二九七	二二二七八五	四七三〇八二	

第二十四章　財政

第六十八節　收支

本縣地方之欵收入不敷支出每年約壹萬二千餘元全恃各項特別捐欵以資挹注茲將收支各項總計列左

山東省歷城縣地方收入調查表（以元爲單位）

類別	欵別	捐率	征收次數及呈准年月	征收手續	全年收數	備考
第一類附捐	第一欵警備經費	每地丁銀一兩收洋三角三分	永久征收民國七年呈准	隨地丁征收	一九一九一•一六元	

山東省歷城縣地方欵支出調查表（以元爲單位）

收入合計全年洋五萬二千零三十五元七角一分一厘

類	別欵	別	支出數（每月支出數　全年支出數）	備		考
第三類公產	第一欵房租	每月支納	永久按月征收	由縣催收	約一〇〇〇・〇〇〇	
	第二欵實業局補助費	每期發洋一百元	分四期民國九年呈准	由縣具領	四〇〇・〇〇〇	
第二類公欵	第一欵地方公欵生息	每期由銀行支七十五元	分四期民國八年呈准	按四期支欵	三〇〇・〇〇〇	
	第七欵屠稅小腸捐	公益捐	按年征收民國十五年呈准	警察廳函送	七〇〇〇・〇〇〇	
	第六欵渡船公所	公益捐	按年征收	由縣催收	八〇〇・〇〇〇	
	第五欵船木捐欵	公益捐	按年征收	由縣催收	二四〇〇・〇〇〇	
	第四欵牙行捐欵	各征公益捐	按年征収	隨正稅征收	三、一七〇・〇一〇	
	第三欵酒稅附捐	每元收洋五厘	永久征收民國二年呈准	隨正稅征收	一、一〇五・八一五	
	第二欵教育附捐	每地丁銀一兩收洋九分九厘	永久征收民國九年呈准	隨地丁征收	五、七五七・二三〇	
		每米一石收洋九角	永久征收民國七年呈准	隨漕米征收	九九二一・四三〇	

第一類內務費	第一款警備隊經費	元 一八七三•七〇〇	元 二九九〇五•二〇〇	服裝全年支洋三千五百二十元零八角差遣偵探勦匪移防等雜費洋二千二百元修繕需郵等費臨時預備費一千四百元共計如上數
	第二款自治籌備處經費	一三四•五〇〇	一六一四•〇〇〇	
	第三款鄉區自治聯合會經費	一〇•〇〇〇	一二〇•〇〇〇	
	第四款路政分局	七九•〇〇〇	九四八•〇〇〇	
	第五款十三區董事辦公經費	四八•〇〇〇	五七六•〇〇〇	
	第六款補助孤貧口糧	四二•〇〇〇	五〇四•〇〇〇	錄事津貼在內
第二類財政費	第一款財政整理處經費	九一•〇〇〇	一〇九二•〇〇〇	
第三類教育費	第一款教育局經費	二六八•五〇〇	三二二二•〇〇〇	
	第二款義務二十四校經費	四〇〇•〇〇〇	四八〇〇•〇〇〇	
	第三款義務第一二三女校經費	六六•〇〇〇	七九二•〇〇〇	
	第四款黑虎廟女校經費	一六一•〇〇〇	一九六二•〇〇〇	炭資三十元在內如上數
	第五款馬跑泉初級女校經費	四二•〇〇〇	五一〇•〇〇	炭資六元在內如上數

	第六欵通俗講演所經費	八〇·〇〇〇	一〇〇〇·〇〇〇	炭資二十元紀念費二十元在內如上數
	第七欵雒張鄉第一小校經費	五〇·三三三	六一〇·〇〇〇	炭資六元在內如上數
	第八欵縣立第一小學校經費	二七七·六〇〇	三三三·二〇〇	
	第九欵縣立第二小校經費	二〇一·二二五	二四三八·五八七三	炭資二十四元在內如上數
	第十欵縣立第三小校經費	六〇·〇〇〇	七三二·〇〇〇	炭資十二元在內如上數
	第十一欵縣立第四小校經費	一六·六六六	二〇六·〇〇〇	炭資六元在內如上數
	第十二欵教育委員會經費	五〇·〇〇〇	六〇〇·〇〇〇	
	第十三欵終宮鄉第一小校經費	五〇·六六六	六四四·〇〇〇	炭資十二元在內如上數
	第十四欵縣立第二模範經費	二四·〇〇〇	二九四·〇〇〇	炭資六元在內如上數
	第十五欵雒口道家莊小校經費	七·〇〇〇	八五·〇〇〇	十一月十二月每月加洋一元如上數
	第十六欵黨家鄉第一模範初級經費	一三·〇〇〇	一六二·〇〇〇	炭資六元在內如上數
	第十七欵城立第三小校經費	一〇·〇〇〇	一三六·〇〇〇	炭資六元在內如上數
	第十八欵教育董事會經費	五四·〇〇〇	六四八·〇〇〇	
	第十九欵教育董事會旅費		六四〇·〇〇〇	每年按四季支領如上數

	第二十欵縣立第三十二初級小校經費		八一・一八五	每年兩季補助如上數
	第二十一欵縣立第五初級小校經費		一六二・五〇〇	每年按兩季補助如上數
	第二十二欵簡字學校經費		九六・〇〇〇	每年按四季補助如上數
	第二十三欵兜率院小校經費		六〇・〇〇〇	每年補助如上數
	第二十四欵老僧口鄉立初級小校經費		三〇・〇〇〇	每年按兩季補助如上數
	第二十五欵董家莊第四初級經費		三〇・〇〇〇	每年補助如上數
	第二十六欵馬淸鄉第十三初級經費		七〇・〇〇〇	每年按兩季補助如上數
	第二十七欵姚家店第四初級經費		一〇・〇〇〇	
	第二十八欵鄉立十八初級經費		二五・〇〇〇	每年補助如上數
	第二十九欵洛口私立校經費		四四・六一六	每年補助如上數
	第三十欵臥牛山小校經費		二五・〇〇〇	每年補助如上數
	第三十一欵城立第六初級經費		二三・五〇〇	每年補助如上數
	第三十二欵省內外學生補助費		三三六〇・〇〇〇	
	第三十三欵檢定教員經費		一五三・五〇〇	每年一次如上數

	第三十四款會仙寺小校經費		二五•000	每年按兩季補助如上數
	第三十五款支淌看廂夫		一三•五00	
	第三十六款教育會經費			
第四類實業費	第一款實業局經費	一五四•100	一八四九•二00	省欵補助四百元在內如上數
	第二款氣候觀測所經費	二九•五00	三五四•000	
	第三款苗圃經費	三三•100	三九七•二00	
	第四款作業費		一七十•七五0	
	第五款苗圃地租		三00000	租教育局公地二十四畝每畝京錢伍千文
	第六款植樹典禮費		五0•000	
第五類臨時費	第一款各機關修繕費		四四五0•000	教育各校繕修費一千五百元實業繕修費三百元內務繕修費二千五百元財政繕修費一百五十元
支出合計全年洋六萬九千二百八十八元九角三分八厘二毫				

第二十五章　教育

第六十九節　學校

本縣學校教育僅設高級初級小學校民國十三年約有三百四十三處今則受年景歉收之影響倒閉者亦復不少實無切實考核數目茲列十四年統計表於左

歷城縣學校教育統計表

學校類別 ＼ 學事	學 公 男	學 公 女	學 公 總	學 私 男	學 私 女	學 私 總
初等教育 小學校 初級	三二〇	五	三二五	四		四
初等教育 小學校 高級	一一	二	一三	一		一
總計	三三一	七	三三八	五		五
備考						

學校總男	學校總女	學校總總	學生公男	學生公女	學生公總	學生私男	學生私女	學生私總	學生總男	學生總女	學生總總	公男	公女
三二四	五	三二九	一〇八二〇	二一二	一一〇三二	一二〇		一二〇	一〇九四〇	二一二	一一一五二	二一九五	五二
一二	二	一四	七一〇	一九〇	九〇〇	八〇		八〇	七九〇	一九〇	九八〇	一四五	二八
三三六	七	三四三	一一五三〇	四〇二	一一九三二	二〇〇		二〇〇	一一七三〇	四〇二	一二一三二	二三四〇	八〇

類別			一	二	三
畢業生		總	二二四七	一七三	二四二〇
畢業生	私	男	五四	二五	七九
畢業生	私	女			
畢業生	私	總	五四	二五	七九
畢業生	總	男	二二四九	一七〇	二四一九
畢業生	總	女	五二	二八	八〇
畢業生	總	總	二三〇一	三〇八	二六〇九
輟學	公	男		四二	四二
輟學	公	女		五	五
輟學	公	總		四七	四七
輟學	私	男		八	八
輟學	私	女			
輟學	私	總		八	八
		男		五〇	五〇

職員數												生	
公			總			私			公			總	
總	女	男	總	女	男	總	女	男	總	女	男	總	女
			三二九	五	三二四	四		四	三二五	五	三二〇		
一三	二	一一	四八	七	四一	五		五	四三	七	三六	五五	五
一三	二	一一	三七七	一二	三六五	九		九	三七八	一二	三五六	五五	五

員						歲入							
私			總			公			私			總	
男	女	總	男	女	總	男	女	總	男	女	總	男	女
						三一九一六	一四二三	三三三三八	二〇		五二〇	三二四三六	一四二三
二		二	一三	二	一五	一〇四二一	二三〇二	一二七二三	一二〇〇		一二〇〇	一一六二一	二三〇二
二		二	一三	二	一五	四二三三七	三七二四	四六〇六一	一七二〇		一七二〇	四四〇五七	三七二四四

	歲出									資			
	公			私			總			公			
總	男	女	總	男	女	總	男	女	總	男	女	總	男
三三八五八	五〇〇二六	一四二二	五一四四八	六〇		五六〇	五〇五八六	一四二二	五二〇〇八	一六八〇〇〇	二九〇〇	一七〇九〇〇	二二〇〇
二三九二三	一〇五六二	二三〇二	二二八六四	一、〇〇		一二〇〇	一一七六二	二三〇二	一四〇六四	四一〇〇〇	四〇〇〇	四五〇〇〇	一四〇〇〇
四七七八一	六〇五八八	三七二四	六四三一二	一七六〇		一七六〇	六二三四八	三七二四	六六〇七二	二〇九〇〇〇	六九〇〇	二一五九〇〇	一六二〇〇

私 女	私 總	總 男	總 女	總 總
	二三〇〇	一七〇二〇〇	二九〇〇	一七三一〇〇
	一四〇〇〇	五五〇〇〇	四〇〇〇	五九〇〇〇
	一六二〇〇	一一二五二〇〇	六九〇〇	一二三二一〇〇

第二十六章　實業

第七十節　農產

本縣農產收穫歷年因天氣亢旱大爲減少民國十一年農作物產量四十五萬石已經不敷消費十四年產約百二十萬石農民更形困苦矣其他特別作物蔬菜果樹等亦均受影響茲將各種統計表列左

歷城縣農作物統計表

作物名稱	種植畝數	總產量額	總價格數
粟	二五七七三二畝	九九、八六〇石	一三九八〇四〇元

麥	二三八四二二畝	八、九五一〇石	二〇五八九六〇元
豆	一六六七五〇畝	七三六八石	一六九四六四〇元
玉蜀黍	一三二一〇〇畝	三九七石	七九四〇元
高粱	二四五〇〇畝	二五〇〇石	五〇〇〇〇元
稻	二四三〇畝	四三五一石	一七四〇四〇元
黍及稷	六二〇畝	四四〇石	一〇一二〇元
總計	八二二四六四〇畝	二〇、四三八五石	五七九、三七四〇元

歷城縣特用作物統計表

名稱	種植畝數	總產量額	總價格數
甜菜	一四六畝	五二〇〇斤	六一三元
落花生	一八〇畝	四九九七九〇斤	三九九八四元
甘藷	一六五〇畝	四八二二一三〇斤	一四四六六三元
蓼藍	一七三二畝	四九二〇〇斤	二九五二〇元

棉花	一四〇二畝	四八六〇〇斤	四六八〇〇元
烟葉	一二〇畝	一四五〇〇斤	一四五〇〇元
芝蔴	五一二畝	一一三六斤	二〇五二元
蔴類	一三七畝	二三七五斤	七一二元
總計	〇一三九畝	五四九三〇三五斤	二七八八四四元

歷城縣蔬菜統計表

名稱	種植畝數	總產量額	總價格數
韮菜	四二〇畝	六六一六、〇〇斤	一八三四八元
葱	九〇五畝	九〇五、五〇〇斤	一八一一〇元
芥菜	二三二畝	二七〇〇〇斤	五四〇元
蒜	六七八畝	三五九、〇五〇斤	三五九〇五元
王瓜	一六三畝	二三一三〇〇斤	九二五二元
茼蒿	四七畝	九七〇〇斤	一九四元

菠菜	三八〇畝	二一三四〇〇斤	四二六八元
芫荽	一六二畝	八四八二〇斤	一六九六元
芹菜	五三畝	五三一〇〇斤	一〇六二元
白菜	一六二畝	七六三六〇斤	一五二七元
包頭白	五五〇畝	三一六一五〇〇斤	六三二三〇元
芸豆	六五畝	八三二〇〇斤	三三二八元
大椒	四二畝	四一三〇斤	三三〇元
南瓜	二五畝	三一二〇〇斤	四六八元
水蘿卜	五六〇畝	二四一六八〇〇斤	四八三三六元
胡蘿卜	七五〇畝	一三七五二〇〇斤	二七五〇四元
苔菜	一二〇畝	七六三〇斤	二六七元
蠶豆	五〇畝	五一三三〇斤	三五九〇元
辣菜	四七六九畝	三〇七〇二五〇斤	九二一〇七元
山藥	三〇〇畝	七二三五〇斤	五七八元

茄子	六〇畝	四八八三二〇斤	一二二〇元
蒲菜	四〇畝	一八五四〇〇斤	一一一二元
茭白	五〇畝	四七二五〇〇斤	三七八〇元
藕	二二三〇畝	二一六九〇〇〇斤	一七三五二元
薑	三〇畝	七五〇〇斤	三〇〇元
蘑菇	四〇畝	一五六〇斤	三一二元
總計	一三八八三畝	一六二一九七〇〇斤	三五一四八五元

歷城縣果樹統計表

名稱	栽培株數	總產量額	總價格數
柿	二四八九〇〇株	三八三六二〇〇斤	一九一八一〇元
果	七四三二〇株	二一五四七八〇斤	八六一九一元
梨	五八六四〇株	二一三二〇斤	五三三〇元
山查	二八九二〇株	九六三五〇〇斤	三八五四〇元
核桃	一九六七〇株	一八三四五〇〇斤	一八六七六八元

杏	一〇一〇〇株	四七九〇〇斤	二一五五五元
棗	一二五〇〇株	五五〇〇〇斤	三 二五〇元
軟棗	一四六〇〇株	八七四〇〇斤	六九九二元
栗	六七〇〇株	九七〇〇〇斤	一四五五〇元
石榴	一〇二三株	一二二五〇斤	二四五〇元
桃	一八四七五株	四六三二〇斤	二七七九二元
李	三一五株	三六七〇斤	一四六元
葡萄	一一五〇〇株	一二六七〇〇斤	一〇五〇三元
總計	五〇五六六三株	九二八六五四〇斤	五八二八七二元

歷城縣家禽家畜統計表

名稱	產地	用途	頭數	價格	備考
鷄	本縣	食用產卵用	三五八〇四一	一二三四·六元	
鴨	本縣	食用產卵用	五〇三〇〇	三五二一〇元	
鵝	本縣	玩賞用	一三一〇	一五五〇〇元	

馬	本縣	供役用	三二九四	三四五九〇〇元	
牛	本縣	食用供役用	一一一九三	一〇八〇〇〇〇元	
羊	本縣	食用	四四三三〇	三二六六〇〇元	
騾	本縣	供役用	二九三〇	三一五〇〇〇元	
驢	本縣	供役用	二〇四一〇	二一五〇〇〇元	
豕	本縣	食用	二〇一六五	四〇四八五〇元	
總計			五一一九七三	二八六一四七六元	

第七十一節　農田農戶

本縣農戶十萬餘家年迄無增減農田一萬三千一百頃此爲實在耕種之數與徵粮之畝數目不同茲收總計表列左

歷城縣農家戶數及田園畝數統計表

區別	農家戶數				農田畝數						田園畝數	合計
	自種	租種	自種兼租種	計	自種		租種		計			
					水田	旱田	水田	旱田	水田	旱田		

洛口區	一六九七八	四二	五〇	一七九一九	六七六〇	二三四六	一五四〇	一三五〇	八三〇〇	三三三九六	六二〇〇	四七八九二八
張馬區	八九三六	三〇	二一五	九四七一	一〇三四〇	七一三三	九六〇	五三三〇	一一三〇〇	七六四六三	二三三〇	九〇〇八二
董家區	七八二九	一三〇	八〇	八〇二九	一三〇〇	一三六七二八		三六五〇	一三〇〇	一四〇三七八	二二〇〇	一四二七七八
黨家區	九一八九	八二	六〇	九三三一		一五七四二三		二三三六		一五八六四八		一五八六四八
邵而區	九三七九	一三〇	二四〇	九七三九		六二四一三		五六〇		六二九七三	七二四	六三六九六
泉路區	六九八八	八五	二一	七〇九四		二四三八一		四九〇		二四八七一	二五一二	二七三八三
終公區	六九七七	五二	一六五	七一九四		一一五〇七		一二〇〇		一二七〇七		一二七〇七
東梧區	八八二九	一五	二〇	八八六四		三四五三〇		三五〇		三四八八〇		三四八八〇
老僧口區	九八五二	三五	二五	九九一二		一〇一八〇八		四二二		一〇九二三〇	八五〇	一一〇〇七〇
遙墻區	五〇二九		三〇	五〇五九		七〇四〇八		一六五		七〇五七三	一一〇〇	七一六七三
清寧區	五八〇〇	二〇	五〇	五八七〇		五七九九九		二八〇		五八二七九		五八二七九
馬家區	六九五七	一五	四二	七〇一四		六一三五四		三一〇		六一六六四		六一六六四
總計	一〇二七四三	一三八五	一四六八	一〇五四九六	一八三〇〇	七九九〇一七	二五〇〇	二六一三三	二〇八〇〇	八四四〇五〇	九九〇六	一三一〇七八七
備考												

歷城縣農家戶數耕田多寡統計表

村莊別	十畝未滿	十畝以上	三十畝以上	五十畝以上	百畝以上	計
洛口莊	一七〇二四戶	四二〇戶	三五〇戶	三〇戶	九五戶	一七九一九戶
張馬莊	八八一八戶	二五一戶	三二五戶	五五戶	二二戶	九四七一戶
董家莊	七四一〇戶	二〇五戶	三四七戶	三二戶	三五戶	八〇二九戶
黨家莊	六〇一〇戶	一六四二戶	一五二〇戶	八三戶	七六戶	九三三一戶
老僧口莊	五六六五戶	二六三七戶	一五二〇戶	六一戶	四八戶	九九一二戶
東梧莊	六七四二戶	一二三〇戶	八五〇戶	三〇戶	一二戶	八八六四戶
郗而莊	七一五一戶	一五六一戶	九五四戶	四五戶	二八戶	九七三九戶
清寧莊	三二〇〇戶	一三六二戶	一二五〇戶	三一戶	二七戶	五八七〇戶
蓬墻莊	三六六八戶	八七四戶	三六〇戶	八二戶	七五戶	五〇五九戶
馬家莊	四四〇四戶	一六二七戶	九四〇戶	二五戶	一八戶	七〇一四戶
終公莊	五一五七戶	一一五二戶	八四一戶	三四戶	一〇戶	七一九四戶
泉路莊	六一六四戶	五六二戶	二七一戶	六二戶	三五戶	七〇九四戶

總計	八一四一三戶	一三五二三戶	九五二八戶	五七〇戶	四八一戶	一〇五四九六戶
備考						

第七十二節 輸出輸入

本縣輸出入貿易價額每年二億二千萬元上下茲將重要物品統計表列左

歷城縣重要輸出品統計表

品名	數量	價值	銷路	起運方法	備改
棉花	五〇〇〇〇〇擔	每担五〇元	日本青島	膠濟路運	由外縣輸入再輸出
麥粉	五〇〇〇〇〇〇袋	每袋三五元	各埠及外省	津浦膠濟路運	全前
落花生	八〇〇〇〇噸	每噸三五元	日本香港各處	津浦膠濟路運	
花生油	五〇〇〇噸	每噸三〇〇元	日本英美各國	津浦膠濟路運	
鷄卵	五〇〇〇〇〇箱	每箱四〇元	日本	膠濟路運	
麩子	六〇〇〇〇〇袋	每袋二五元	日本	膠濟路運	

豆類	一〇〇〇〇噸	每噸 八〇元	外省	膠濟路運	
棗類	五〇〇〇噸	每噸 一〇〇元	外省	津浦路運	
桐木	一〇〇〇〇噸	每噸 四〇〇元	日本	津浦膠濟路運	
牛隻	三〇〇〇〇頭	每頭 一〇〇元	日本德美各國	仝前	
華絲葛	七五〇〇〇〇疋	每疋 一〇元	外省	津浦膠濟路運	
地毯	三五〇〇〇床	每床 五〇元	英美各國	仝前	
毛巾	一六〇〇〇打	每打 一二元	本境及各縣	旱腳運	
粗布	二三〇〇〇〇疋	每疋 五〇元	各縣及天津	旱運及津浦路運	

歷城縣重要輸入品統計表

品名	數量	價值	出產地方	起運方法	稅額	備考
小麥	七〇〇〇〇噸	每噸 一〇〇元	曹縣河南等處	黃河船運及鐵路車運	值百抽二	
茶葉	五六五〇〇簍	每簍 八元	江南各省	津浦路車運	值百抽二	
高粱	一〇〇〇〇噸	每噸 七〇元	東三省及本省南部	津浦路運及黃河船運	值百抽二	
家禽	五三三〇〇〇隻	每百隻 三〇元	滕嶧各縣	黃河船運及起旱腳運	值百抽二	

家畜	六三一〇〇頭	每百頭 一五〇〇元	萊蕪泰安各縣	旱脚	值百抽二
汽水洋酒	一二〇〇〇箱	每箱 二五元	青島上海天津	膠濟津浦兩路運	值百抽二
糖類	一五〇〇〇〇件	每件 一二元	日本上海英國	膠濟津浦車運	值百抽二
海參	二〇〇〇〇斤	每百斤 二五〇元	日本青島天津	膠濟津浦車運	值百抽二
海魚	二五五〇〇斤	每百斤 二〇元	青島羊角溝	膠濟路運小清河船運	值百抽二
烟捲	四〇〇〇〇箱	每箱 一七五元	上海青島	膠濟津浦車運	值百抽二
罐頭食物	二〇五〇打	每打 七元	上海天津	津浦路運	值百抽二
果脯	一八〇〇斤	每百斤 三五元	曹縣肥城	黃河及津浦路運	值百抽二
水產物	一二六〇〇斤	每百斤 一五元	青島羊角溝南陽湖	小清河及黃河鐵路運	值百抽二
煤炭	一八五〇〇〇噸	每噸 一七元	博山章邱棗莊	津浦膠濟路運	值百抽二
棉花	五〇〇〇〇担	每担 五〇元	河南臨清等處	津浦膠濟路運	值百抽二
皮革	六一〇〇張	每張 二〇元	濱縣蒲台利津	黃河船運	值百抽二
五金類	五〇〇〇〇〇件	每件 一元	英美日本	津浦膠濟路運	值百抽二
蔴袋	三一五〇〇〇件	每十件 六元	天津上海	津浦膠濟路運	值百抽二

木料	二〇〇〇〇噸	每噸	五元	東三省	小淸河紮筏運	値百抽二
牛油	二五八〇〇〇斤	每百斤	二〇元	金嘉魚三縣	鐵路及旱運	値百抽二
桐油	二四〇〇〇簍	每簍	五〇元	江南省	鐵路及旱運	値百抽二
花生油	一五〇〇〇簍	每簍	三五元	齊河齊東	黃河船運	値百抽二
生絲	六五〇〇〇〇斤	每百斤	一五〇〇元	新泰周村	津浦膠濟路運	値百抽二
棉紗	一五〇〇〇〇件	每件	二五〇元	江南及日本	津浦膠濟路運	値百抽二
綢緞	四一〇〇〇疋	每疋	一五〇元	蘇杭南京	津浦膠濟路運	値百抽二
布疋	五〇〇〇噸	每噸	一六〇〇元	天津上海青島	津浦膠濟路運	値百抽二
毛呢	二〇〇〇〇疋	每疋	三〇元	天津上海	津浦膠濟路運	値百抽二
紙類	五〇〇〇〇噸	每噸	三元	天津上海青島	津浦膠濟路運	値百抽二
鐘表	五五〇〇〇件	每件	五元	外國船來		
玻璃器	三〇〇〇〇件	每十件	二元	博山	膠濟路運	値百抽二
磁器	五六〇〇〇〇件	每十件	二元	洋磁及江西磁	津浦及膠濟路運	値百抽二
藥材	五七〇〇〇包	每包	三〇元	各省	津浦及膠濟路運	値百抽二

染料	一〇〇〇噸 每噸	五〇〇元 日本及德美各國	津浦及膠濟路運	值百抽二
火柴	二〇〇〇噸 每噸	一〇〇元 日本	膠濟路運	值百抽二
附記				

第七十三節 物價

本縣地居省城物價日益昂貴以民國八年與民國十五比較幾增二倍人民生計至爲困苦茲列物價統計表於左

歷城縣近年物價比較統計表

物品	民國八年	民國九年	民國十年	民國十一年	民國十二年	民國十三年	民國十四年	民國十五年
麵粉 每袋	二元	二元五角	二元八角	三元	三元一角	三元五角	四元二角	四元
小麥 每噸	十二元	十三元	十五元	十七元三角	二十元〇五角	二十二元	二十八元	二十七元
黃豆 每噸	十一元三角	十二元五角	十二元	十四元	十六元九角	十八元五角	二十三元	二十一元
紅粮 每噸	七元六角	八元七角	八元四角	九元八角	十元三角	十二元一角	十五元二角	十五元五角

糖類	每斤	一角	一角[illegible]分	一角六分	一角八分	一角九分	一角二分	一角三分	一角三分
酒類	每斤	一角二分	一角二分	一角三分	一角五分	一角六分	二角二分	三角二分	五角
魚類	每斤	一角	一角五分	二角二分	二角五分	三角六分	三角八分	四角二分	四角五分
大米	每斤	一角	一角一分	一角一分	一角二分	一角二分	一角三分	一角五分	一角五分
棉花	每包	三十元	四十元	四十元	四十三元	四十五元	四十六元	四十八元	五十元
豆油	每簍	十二元	十三元五角	十三元	十四元	十六元	十八元	十八元	二十元
花生米	每包	十四元	十六元	十六元	十七元	十八元	十七元	十九元	十九元
布疋	每疋	五元	七元五角	七元五角	八元五角	九元	十元	十一元	十一元
火柴	每箱	四元二角	四元七角	四元八角	五元	五元	五元二角	五元四角	六元

第七十四節　工業

本縣工業發達工廠林立故出品日增前途發展未可限量茲將工業家及工廠統計於左

歷城縣工業種類統計表

類別＼區別	城內	商埠	鄉區	合計
工廠	五八	二七	六	九一

首飾舖	九四	一三	一二	一一九
軍衣店	二二	一	無	二三
靴鞋店	一三五	七五	五一	二六一
帽店	二五一	一五	二	一六八
皮鞋店	一〇	三八	無	四八
印刷局	四九	六	一	五六
生皮行	一九	二一	三七	七七
建築行	二七	一八	二六	七一
石印館	二九	一四	四	四七
眼鏡店	一七	七	無	二四
油坊	一三	一八	三五	六六
酒店	五八	三九	七四	一七一
木作店	一〇八	三九	九六	二四三
銅器舖	六三	二五	二五	一一三

鐵匠舖	五八	七九	四五	一八二
鐵器紙	六三	二五	二五	一一三
裝璜舖	四一	三	一五	五九
錫器舖	二三	二	三	二八
磚瓦窰	無	六	一五	二一
籐貨店	四	四	無	八
木器店	三九	九	無	四八
繩經店	二六	二一	三七	八四
編組舖	九	三	六	一八
鏡子舖	三六	一五	二	五三
轎車舖	一一	一	三	一五
膠皮車舖	一九	一八	無	三七
鞍韉舖	一一	一	無	一二
舖墊舖	八	無	一	九

成衣舖	二四六	九九	六六	四一一
裱畫舖	五六	二	六	六四
地毯舖	一二	二〇	無	三二
刻字舖	四〇	二六	四	七〇
臘燭舖	二一	一三	無	三四
鍍金局	六	五	一	一二
肥皂店	四九	一二	一	六二
包工行	二〇	二七	三	五〇
玻璃窰	無	三	無	三
石灰窰	無	一七	三九	五六
香料舖	九	四	八	二一
造紙舖	三	無	一二	一五
染坊	四二	二三	五〇	一一四
織布店	一七	六	六二	八五

織綢店	一四	無	三二一	三三五
毛巾店	二三	五	三九	六七
燈心店	無	一	無	一
罐頭店	四七	一四	九一	一五二
點心店	四七	一四	五三	一一四
阿膠店	七	無	無	一
雜工業	五四一	二〇	七六七	一三二八
通計	二三三四	八五三	二〇三四	五二八一

歷城縣工廠統計表

事項別／業別	資本	出品		工人數目	營業狀況	地址	成立年月	附記
		種類	額數					
魯豐紗廠	三〇〇〇〇〇〇元	棉紗	五六〇〇〇〇〇件	二五〇〇人	營業暢旺	林家橋	民國八年三月	
溥益糖廠	五〇〇〇〇〇〇〇元	糖	一五〇〇噸	一三〇人	營業尚佳	黃台橋	民國九年九月	
華興造紙廠	一〇〇〇〇〇〇元	紙	五六〇〇〇連	八〇人	營業尚佳	東流水	民國八年二月	

振業火柴公司	五00000元	火柴	二0000箱	八00人	極爲暢旺	石棚街	民國三年四月	
豐年麵粉工廠	一000000元	麵粉	五00000包	一四0人	營業尚佳	東流水	民國五年一月	
茂新麵粉工廠	五00000元	麵粉	九九0000包	一00人	營業尚佳	陳家樓	民國七年四月	
惠豐麵粉工廠	三00000元	麵粉	九六000包	一00人	營業尚佳	三里莊	民國七年四月	
成豐麵粉工廠	一000000元	麵粉	二000000包	一七0人	營業尚佳	官紮營	民國十年七月	
民安麵粉工廠	二00000元	麵粉	三00000包	一三0人	營業尚佳	東流水	民國九年九月	
恒興麵粉工廠	四00000元	麵粉	六00000包	五0人	營業尚佳	官紮營	民國十年八月	
華慶麵粉工廠	五00000元	麵粉	五六0000包	五0人	營業尚佳	官紮營	民國十年八月	
正利厚麵粉工廠	二00000元	麵粉	一三0000包	五0人	營業尚佳	緯二路	民國十年九月	
同豐麵粉工廠	二00000元	麵粉	一五0000包	三0人	營業尚佳	緯北路	民國十二年六月	
興順福鐵工廠	一五0000元	機器	不定	三二0人	品優消暢	緯三路	民國二年二月	
金啟泰鐵工廠	二0000元	機器	不定	六五人	品優消暢	二大馬路	宣統二年五月	
齊魯鐵工廠	四0000元	機器	不定	八五人	品優消暢	勸業廠內	民國十年八月	
恒豐鐵工廠	三0000元	機器	不定	六0人	營業尚佳	四大馬路	民國六年七月	

全盛鐵工廠	五〇〇〇元	軋花切麵機	二五〇架	二五人	營業尚佳	二大馬路	民國九年八月	
同盛和鐵工廠	四〇〇〇元	修理器械	不定	一五人	營業尚佳	二大馬路	民國七年五月	
公記鐵工廠	三〇〇〇元	修理器械	不定	二五人	營業尚佳	緯三路	民國九年十月	
呈藝泰鐵工廠	一〇〇〇元	修理器械	不定	三人	營業尚佳	普利門外	民國六年五月	
日新鐵工廠	四九〇〇元	軋花切麵機	八〇架	六〇人	營業尚佳	二大馬路	民國六年五月	
郭天成鐵工廠	六〇〇〇元	軋花織布機	一九〇〇架	三〇人	品優消暢	二馬路	民國二年七月	
郭天利鐵工廠	二〇〇〇元	軋花織布機	三五〇架	六〇人	品優消暢	二馬路	民國三年六月	
福興號	三〇〇〇元	鐵鍋	一〇〇〇口	二〇人	品優消暢	二馬路	民國七年二月	
福升祥工廠	一〇〇〇元	軋花切麵機	三五〇架	一五人	品優消暢	館驛街	民國十五年八月	
晉泰工廠	四五〇〇元	軋花切麵機	八五〇〇架	六〇人	品優消暢	二馬路	民國十年七月	
順興工廠	二五〇〇元	鐵櫃	三二〇個	一七人	營業尚佳	東流水	民國二年三月	
同聚昌	一五〇〇元	鐵鍋	三五〇〇口	一四人	營業尚佳	二馬路	民國七年四月	
益立成	一〇〇〇元	銅鐵零件	不定	三人	營業尚佳	二馬路	民國八年十月	
仁和成	二〇〇〇元	鐵鍋	四〇〇〇口	一〇人	營業尚佳	緯一路	民國十四年六月	

同益工廠	一〇〇〇元	鐵鍋	二〇〇〇口	一五人	營業尙佳	緯一路	民國十四年七月	
鵠華製革廠	三〇〇〇元	皮革	二〇〇〇張	三〇人	極爲暢旺	東關青龍街	民國十一年十月	
膠東製革廠	六〇〇〇元	鞣革	六三〇〇張	九〇人	極爲暢旺	城北角樓街	民國三年二月	
大業製革廠	五〇〇〇元	皮革	七〇〇〇張	三五人	極爲暢旺	二大馬路	民國十一年二月	
興華造胰廠	四〇〇〇〇元	肥皂洋燭	二五〇〇箱	五〇人	極爲暢旺	西關北小門	民國九年五月	
益華燭皂廠	五〇〇〇元	肥皂洋燭	四〇〇〇〇箱	四二人	極爲暢旺	製錦市	民國九年五月	
合祥工廠	五〇〇〇元	肥皂洋燭	一六〇〇〇打	三人	營業尙佳	後營坊	民國十二年九月	
德香樓	一〇〇〇元	套帽圍巾手套	二〇〇打	七人	營業暢旺	曹家巷	民國十二年七月	
裕升工廠	一五〇〇元	套帽圍巾手套	三五〇〇打	三人	營業暢旺	曹家巷	民國十二年五月	
履新針織廠	二〇〇〇元	洋襪	三五〇〇打	七人	營業暢旺	院東大街	民國十三年七月	
興盛號	一〇〇〇元	洋襪	三五〇〇打	七人	營業暢旺	院西大街	民國十年八月	
仁和製襪廠	二〇〇〇元	洋襪	三〇〇〇打	七人	營業暢旺	西門裡	民國十二年七月	
和平製襪廠	三〇〇〇元	洋襪	四〇〇〇打	一七人	營業暢旺	長春觀	民國十三年五月	
履豐製襪廠	一〇〇〇〇〇元	洋襪	三五〇〇〇打	四〇人	營業暢旺	黑虎泉	民國十二年三月	

平民製襪廠	三〇〇〇〇元	洋襪	四〇〇〇打	三人	營業暢旺	小布政司街	民國十二年五月	
岱記毛巾廠	二〇〇〇〇元	毛巾	一六五〇〇打	五〇人	營業暢旺	萁雅坊	民國十三年二月	
順和毛巾廠	二〇〇〇〇元	毛巾	九九〇〇打	五〇人	營業尚佳	山水溝	民國三年七月	
源豐毛巾廠	五〇〇〇元	毛巾	二六四〇打	一四人	營業尚佳	趵突泉	民國六年七月	
國民毛巾廠	二〇〇〇〇元	毛巾	九九五〇打	一三人	品優銷暢	馬跑泉	民國元年七月	
敘齋毛巾廠	一〇〇〇〇元	毛巾	三六〇〇打	三人	品優銷暢	東倉	民國十三年八月	
岱峯毛巾廠	二〇〇〇〇元	毛巾	四八〇〇打	二六人	營業尚佳	玉泉宮	民國十三年五月	
義昌毛巾廠	一五〇〇〇元	毛巾	五〇〇〇打	三四人	營業尚佳	萁雅坊	民國十三年七月	
魯大毛巾廠	二〇〇〇〇元	毛巾	二五六〇打	三人	營業尚佳	東流水	民國十二年七月	
元記織布廠	一五〇〇〇元	布	三二〇〇疋	一五元	營業尚佳	東流水	民國十三年二月	
新民織布廠	五〇〇〇〇元	布	三二〇〇疋	六〇人	營業尚佳	麟祥門外	民國十年三月	
順和織布廠	二〇〇〇〇元	布	二五四〇疋	一三人	營業尚佳	東流水	民國十二年四月	
雙合織布廠	二〇〇〇〇元	布	一六五〇疋	一三人	營業尚佳	雙龍街	民國七年五月	
華恒泰	一五〇〇〇元	布	一三九〇疋	二人	營業尚佳	東流水	民國九年三月	

昌記	二五〇〇元	布	三七四〇疋	一五人	營業尚佳	新東門外	民國三年二月	
增順工廠	一八〇〇元	布	二五〇〇疋	八人	營業尚佳	西河沿	民國十二年五月	
聚源工廠	二〇〇〇元	布	二五〇〇疋	二六人	營業尚佳	青龍街	民國二年五月	
天聚成	一〇〇〇元	布	一三〇〇疋	九人	營業尚佳	曹家巷	民國十五年六月	
玉祥工廠	二六〇〇元	布	三二〇〇疋	一六人	營業尚佳	安樂街	民國七年三月	
郁馥春	二〇〇〇元	香	三五〇〇〇封	一〇人	營業暢旺	院東大街	民國元年三月	
保和堂	三五〇〇元	香	三六〇〇〇封	二三人	營業暢旺	南門大街	光緒三四年七月	
乾祥永	三〇〇〇元	香	一六〇〇〇封	七人	營業暢旺	岳廟後	宣統元年十月	
德昌工廠	二〇〇〇〇〇〇元	地毯	一三五〇〇〇尺	一〇〇人	品優消暢	緯六路	民國十一年一月	
義昌永	五〇〇〇元	地毯	三六〇〇〇尺	一六〇人	品優消暢	太平寺街	民國四年二月	
順和工廠	三〇〇〇元	地毯	一三二〇〇尺	四〇人	品優消暢	西關順和街	民固五年十月	
天成永	二〇〇〇〇元	地毯	五五〇〇尺	四〇人	營業尚佳	東門外	民國六年三月	
義大工廠	二〇〇〇元	地毯	九九〇〇尺	三〇人	營業尚佳	後營坊	民國二年七月	
義合東	五〇〇〇元	洋式磚瓦	三二〇〇〇〇〇个	二〇〇人	營業暢旺	緯六路	民國十年十月	

普利工廠	三二000元	洋式磚瓦	二九五00000个	一九0人	營業暢旺	七大馬路	民國八年三月
濟豐工廠	二00000元	磚瓦	二八六00000个	二五0人	營業暢旺	緯六路	民國八年四月
義順公	三000元	磚瓦	三三五0000个	三0人	營業暢旺	緯六路	民國十二年七月
濟新公司	一五000元	洋灰	四0000筒	二二人	營業尚佳	緯一路	民國十二年二月
裕興染料公司	一0000元	煮青	一000箱	五四人	營業極佳	城北五柳閘	民國八年二月
豐華製針廠	一00000元	針	四六六00件	六九人	營業極佳	南關龍鳳街	民國十年十月
普利玻璃公司	三0000元	燈壺燈罩	五六九五00件	五0人	營業極佳	大馬路	民國六年五月
中華魁料器廠	四0000元	料器	二六000件	八0人	營業極佳	緯北路	民國七年十月
北洋料器廠	七000元	料器	九00000件	四0人	營業極佳	七大馬路	民國十一年七月
興順福榨油廠	一五0000元	油餅	三六00噸	一一0人	營業尚佳	緯二路	宣統元年三月
同興泰榨油廠	四000元	油餅	二八四0噸	三二人	營業尚佳	緯七路北口	民國十一年九月
東裕隆榨油廠	一00000元	花生油	四五00噸	二六人	營業尚佳	緯六路	民國十三年五月
合盛祥榨油廠	四0000元	豆油	二二四0噸	三0人	營業尚佳	三馬路	民日十年六月
慶年公司	五000元	機製掛麪	三五000斤	二四人	營業尚佳	正覺寺街	民國五年四月

有年公司	二〇〇〇元	機製掛麪	二五八〇〇斤	一五人	品優銷暢	東流水	民國七年八月	
元豐成	二五〇〇元	華線絲春葛	一五〇〇〇尺	二三人	品優銷暢	龍山鎮	民國七年四月	
正源東	三五〇〇元	華線絲春葛	三五〇〇〇尺	三八人	營業尚佳	龍山鎮	民國五年三月	
積慶永	一〇〇〇元	華線絲春葛	六二五〇尺	八人	營業尚佳	權莊	宣統元年十月	
同和祥	三〇〇〇元	華線絲春葛	二六〇〇〇尺	二四人	營業尚佳	權莊	光緒三十年二月	
增記	四〇〇〇元	華線絲春葛	三七五〇尺	二五人	營業尚佳	權莊	民國十一年五月	
增盛公	三〇〇〇元	華線絲春葛	一八七五〇尺	二六人	營業尚佳	權莊	民國十四年六月	
恒慶昌	三〇〇〇元	土綢	一四〇〇〇尺	一三人	營業尚佳	權莊	民國十四年二月	
同慶和	二八〇〇元	土綢	一三〇〇〇尺	一五人	營業尚佳	權莊	民國十四年七月	
德盛永	二五〇〇元	土綢	一四〇〇〇尺	一人	營業尚佳	權莊	民國十三年六月	
德盛永	一〇〇〇元	華線絲春葛	一四〇〇〇尺	三人	營業尚佳	曹官莊	民國二年四月	
三和永	一八〇〇元	華線絲春葛	一三〇〇〇尺	三人	營業尚佳	曹官莊	民國十三年五月	
恒太成	二〇〇〇元	華線紡春葛	一五〇〇〇尺	一七人	營業尚佳	曹官莊	民國十四年四月	
恒豐裕	一〇〇〇元	華線絲春葛	六九五〇尺	九人	營業尚佳	丁家莊	民國十四年六月	

致中堂	一二〇〇元	華絲葛 線春	六八〇〇尺	八人	營業尚佳	丁家莊	民國十四年七月	
裕升永	一五〇〇元	華絲葛 線春	八五〇〇尺	八人	營業尚佳	呆家莊	民國十四年九月	
五福堂	二〇〇〇元	華絲葛 線春	一四〇〇〇尺	一三人	營業尚佳	呆家莊	民國十三年八月	
義善堂	二五〇〇元	華絲葛 線春	一六〇〇〇尺	一五人	營業尚佳	范家莊	民國十三年八月	
恭盛机坊	一八〇〇元	華絲葛 線春	一三〇〇〇尺	九人	營業尚佳	畢楊莊	民國十四年五月	
慶合永	一〇〇〇元	土綢	五〇〇〇尺	八人	營業尚佳	東省莊	民國十三年七月	
謙益恒	一〇〇〇元	土綢	七五〇〇尺	九人	營業尚佳	侯里莊	民國十三年四月	
王冠五	一三〇〇元	土綢	六〇〇〇尺	七人	營業尚佳	茅莊	民國十三年七月	
蚨盛昌	二〇〇〇元	花絲葛	一五〇〇〇尺	一四人	營業尚佳	權莊	民國十四年七月	
裕盛和	二〇〇〇元	花絲葛	二六〇〇〇尺	一八人	營業尚佳	權莊	民國十三年二月	
增慶恒	二五〇〇元	花絲葛	三二二五〇尺	三五人	品優銷暢	權莊	民國十四年八月	
忠義號	一五〇〇元	花絲葛	一五〇〇〇尺	一四人	營業尚佳	權莊	民國十三年五月	
德和永	八〇〇元	花絲葛	五七五〇尺	一七人	營業尚佳	權莊	民國十四年七月	
李應芹	一五〇〇元	東綢	一八〇〇〇尺	一八人	營業尚佳	權莊	民國十四年七月	

黃守賢	八00元	東綢	一五五00尺	六人	營業商住	牛家莊	民國八年七月	
李士安	六00元	東綢	一五四00尺	10人	營業商住	牛家莊	民國九年一月	
李貴興	六00元	東綢	一五000尺	七人	營業商住	牛家莊	民國十二年五月	
魏學桐	七五0元	東綢	二0000尺	六人	營業商住	牛家莊	民國十三年七月	
逯玉恒	九八0元	東綢	二九000尺	七人	營業商住	牛家莊	民國十四年三月	
合計	二七0四六0元			八103人				
備考								

第七十五節　商業

本縣境內銀行以民國十一年爲最發達有三十三處至十五年有改爲銀號者有自行倒閉者現存者不過十六七家而已茲將銀行及普通商號公司各項統計表列後

歷城縣境內銀行統計表

行名	設立年月	地址	資本	業務	附記
中國銀行	尚未	商埠二馬路		存放款匯兌及其他依則例所定業務	

交通銀行	民國元年	仝前		存放款匯兌及其他依則例所定業務	
山東商業銀行	民國二年	仝前	總額五百萬元實收一百五十萬元	存放款匯兌及其他一般銀行業	
通惠銀行	民國四年	城內西門裡	總額六十萬元實收四十萬元	存放款匯兌及其他一般銀行業	
中國實業銀行	民國五年	商埠二馬路		普通銀行業務	
東萊銀行	民國七年	仝前	總額二百萬元全部收足	普通銀行業務	
大陸銀行	民國八年四月	仝前		普通銀行業務	
上海商業儲蓄銀行	民國八年	仝前		普通銀行業務	
豐大商業儲蓄銀行	民國八年十一月	緯七路	總額一百萬元實收二十萬元	普通銀行業務兼辦有獎儲蓄	
中華懋業銀行	民國九年	緯七路		普通銀行業務	
道生銀行	民國十一年	西門裡	總額五十萬元實收二十五萬元	普通銀行業務	
勸業銀行	民國十二年	商埠二馬路		普通銀行業務	
礦業銀行	民國十二年	緯三路		普通銀行業務	
明華銀行	民國十二年	仝前		普通銀行業務	
山東省銀行	民國十四年七月	商埠二馬路	一千萬元	普通銀行業務代理金庫	

歷城縣商業種類統計表

類別＼區別	城內	商埠	鄉區	合計
金珠店	六	無	一	七
錢店	九五	三一	一九	一四五
當店	七	一〇	九	二六
公司	二一	二三	七	五一
綢緞店	二六	無	一三	三九
布店	二〇六	三七	三九	二八二
估衣店	五三	四	二	五九
洋貨店	一三九	一六三	三七	三三九
皮貨店	七四	一三	二	八九
絲線店	一二四	九	無	一三三
古玩店	四八	無	一	四九
鐘表店	三六	八	五	四九

書店	二七	二	二	三一
筆墨店	四〇	五	無	四五
南紙店	一七四	一一	一	一八六
報館	一五	四	四	二三
顏料店	二九	無	無	二九
照像店	七	四	無	一一
鑲牙補眼店	五	八	無	一三
麫行	一七	四	無	二一
鹽店	三	一	三	七
雜粮店	四二	一一二	四〇	一九四
海菜店	一三	無	一	一四
茶葉店	一六	七	一九	四二
藥材店	二三	二	二七	五二
藥舖	一一三	二七	八二	二二二

醬園	七九	四五	二三	一四八
烟店	二六	七	一一	四四
飯莊	四〇	四一	九	九〇
飯舖	一七四	八五	二四六	五〇五
碾磨坊	四五	七	一一九	一七一
荳粉坊	一	四	一二	三六
屠宰場	八	無	四〇	四八
肉舖	八七	三九	九〇	二一六
燒烤舖	五	二四	無	二九
餚肉舖	六一	三	一六	[illegible]
鮮菓舖	一〇三	四四	二三	一七〇
茶園	一	一八	一〇八	一[illegible]
茶館	三五三	一〇二	一九六	六五
劇場	一	五	無	[illegible]

浴堂	一二	九	一一	三二
理髮舖	一三一	四六	一三四	三一一
旅館	六五	三五	一一五	二一五
磁器舖	三八	八	一三	五九
料貨舖	一二	五	二	一九
油漆舖	五九	二一	五	八五
燈轎舖	一七	無	一一	二八
紙紮舖	四一	三	一五	五九
煤炭舖	一四	八三	八三	一八〇
過載舖	四五	二七	九	八一
煤油舖	一〇	一七	六	三三
饃饃舖	一七一	五七	一三二	三六〇
鍋餅舖	一二四	八一	一九八	四〇三
包子舖	九七	四一	七七	二一五

燒餅舖	一二一	二五	五二	一九八
棉花舖	四三	一五	二三	八一
擡槓舖	一六	無	六	二二
牛棧	七	一八	二三	四八
土產棧	無	四五	八	五三
雞子行	二	一一	八	二一
馬車行	無	二	無	二
汽車行	無	三	無	三
鞭炮舖	五	無	無	五
雜商業	八六一	七三	一〇七二	二〇〇九
通計	四二五	一五三四	三三一二	八九九九

歷城縣公司統計表

項別 / 公司	地址	種類	營業目的	設立年月	註冊年月	資本	備攷
魯豐紡績公司	林家橋	股份有限	製造棉紗	民國四年六月	民國四年十一月	二百二十萬元	

濟南電汽公司	東流水	股份有限	供給電燈	清光緒三十二年六月	清光緒三十二年十二月	一百萬元
大東製帽公司	西門大街	股份有限	製造草帽	民國三年民國四月	民國四年三月	三十萬元
豐年麵粉公司	東流水	股份有限	製造麵粉	民國二年五月	民國五年二月	壹百萬元
普利玻璃公司	一二馬路	股份有限	製造玻璃器皿舖絲鏡屏	民國四年六月	民國五年九月	三萬元
中國精益眼鏡公司	二馬路	股份有限	製造眼鏡	民國六年三月	民國六年八月	七萬元
惠豐麵粉公司	三里莊	股份有限	製造麵粉	民國七年八月	民國七年十一月	五十萬元
濟南勝紹公司	順城街	股份有限	釀造魯酒	民國二年五月	民國八年一月	二萬元
濟新磚瓦公司	緯一路西	股份有限	製造洋瓦地磚	民國七年二月	民國八年二月	一萬五千元
華興造紙公司	東流水	股份有限	水管電稈等紙色皮紙	民國六年一月	民國八年十月	一百萬元
濟南電話公司	鳳凰街	股份有限	供給電話清	宣統元年二月	民國九年三月	四十萬元
溥益公司	黃台橋	股份有限	製糖及火酒	民國九年二月	民國九年三月	五百萬元
濟安蓄冰公司	緯北路缺道北	股份有限	供給冰塊	民國元年十一月	民國九年六月	八千元
中國裕興顏料公司	普利大街	股份有限	製造煮青	民國八年十月	民國九年十二月	十萬元
振業火柴公司	石棚街	股份有限	製造火柴	民國三年三月	民國十年六月	五十萬元

民安麵粉公司	大于家橋	股份有限	製造麵粉	民國十年七月	民國十年九月	一百一十萬元	
華慶麵粉公司	官紮營	股份有限	製造麵粉	民國十年六月	民國十年八月	五十萬元	
泰康食品公司	二馬路	無限公司	精製罐頭食品	民國六年五月	民國十年十一月	一萬元	
恒興麵粉公司	官紮營	股份有限	製造麵粉	民國十年八月	民國十年十一月	四十萬元	
正利原麵粉公司	緯二路	股份有限	製造麵粉	民國十年九月	民國十一年一月	二十萬元	
成豐麵粉公司	官紮營	股份有限	製造麵粉	民國十年七月	民國十一年一月	一百萬元	
興華造胰公司	北小門	股份無限	製造胰皂	民國四年六月	民國十一年五月	四萬元	
興順福榨油公司	緯三路	股份無限	製造油類	清宣統元年二月	民國十一年七月	十五萬元	
履豐織衫公司	黑虎泉	股份有限	製造洋襪	民國十二年七月	民國十二年九月	十萬元	
山東印刷公司	二馬路	股份有限	經營印刷	民國十一年十一月	民國十二年二月	二十萬元	
同豐麵粉公司	緯北路	股份有限	製造麵粉	民國十二年六月	民國十二年十月	二十萬元	
樂山森林公司	洛口鎮	股份有限	造林	民國十一年九月	民國十二年十月	五千元	
茂新麵粉公司	陳家樓	股份有限	製造麵粉	民國八年七月		三十萬元	
南洋兄弟烟草公司	二大馬路	股份有限	紙烟	民國二年一月	民國三年十二月	五十萬元	

上海食品公司	緯四路	股份有限	食品	民國二年一月	民國二年三月	二十萬元	
美業烟捲公司	舊軍門巷	股份有限	烟捲	民國二年一月	民國四年七月	一萬元	
興順福鹼料公司	三馬路	獨資公司	造洋鹼	民國六年八月	民國六年十月	二萬元	

第七十六節 勸辦實業成績

本縣自實業局成立境內各項實業日有增進茲將種樹種桑種棉鑿井等項列統計表於左

歷城縣近年勸辦種樹種棉種桑鑿井數目統計表

事項 / 年度	種樹	種桑	種棉	鑿井
民國九年	五二六六二株	三〇〇〇〇株	二三五畝	無
民國十年	一〇二〇五〇	六〇一五	三二〇	無
民國十一年	四〇三六五一	一四五五五	四一一	一五一六
民國十二年	三四四〇四六	六〇三一	五〇二	無
民國十三年	四〇一〇四〇	五八五五	四九四	二七〇七
民國十四年	四八一〇九一	二六六三〇	一六〇七	一六三

民國十五年	六〇〇四四八	二四五二二	一六九七	六五三
民國十六年	八六四六六三	七八四五三	一六四三	八六五
總計	三二二九六〇一	一六五〇六六	一六四三	六三〇四

第三編　結論

第二十七章　教育改進

第六十七節　改良本縣教育之意見

本縣地居省城觀瞻所繫對於教育宜如何設施如何改良方足以樹模範而爲各縣之倡導本有研究之價值今就目所能及關於現時教育應急速籌辦者畧舉數則以備本縣教育界之參考茲列如下

一教育經費應籌足固定底欵　查本縣地方公欵每年支出不敷壹萬六七千元上下向恃警備餘欵及四鄉烟賭罰欵以資挹注近因警察所成立警欵獨立未便挪支烟犯罰欵則歸禁烟局處理此二項既無收入可言嗣後每年不敷之數當較前益鉅查民國十三年靳知事交替以後曾積欠經費二個月迄未補發將來收入日形減少積欠日增必多乃理之自然無足怪者查本

縣教育薪俸本極微少已屬淸苦倘不設法籌足底款以資付應將來積欠日多殊非常久之道闔縣人士似宜有所籌劃以資維持也

二各鄉區宜普設高等小學校　查本縣十二鄉區設立高等小學校者僅有張馬党家洛口馬家終宮五區其他各區均付闕如對於兒童升學發生種種困難情形且有各鄉初等小學校兒童本已屆畢業限期因附近無相當學校升學乃將所讀課本重讀一遍此種辦法不惟荒廢光陰其影響於兒童前途者至重且大吾歷教育當局似有以籌劃而早日實現也

三師範講習所宜速恢復　查本縣師資本屬缺乏前數年曾辦二班師範講習生所有畢業學員不過壹百四五十人就職者不過半數其他均以淸苦多改他途今已不敷派用故整理本縣教育首先以預儲師資方爲正辦所有講習所職教員之聘請尤應愼重查照十三年十月教育廳公佈章程辦理本縣合格人員不願担任時無妨楚材晋用以造就完善師資爲目的故師範講習所之教員更關重要

四小學教員應組織教學研究會　學問無止境教授方法無窮盡本縣小學教員向無聯絡殊爲缺憾教育當局似宜召集小學教員組織會教學研究會共同討論教學方法以促教育之進步

五　小學成績觀摩會宜擇期舉行　凡事有觀摩然後有比較有比較然後有進步吾歷全縣教育狀況自民國十七年來究係進到如何程度茫然莫解教育當局似宜擇定每年暑假期內組織小學成績觀摩會萃全縣小學兒童之成績供全縣人士之批評甄劣者知所警勵優者力加奮勉對於教育前途似不無裨益

六　通俗教育宜巡迴四鄉講演　通俗教育對於啓迪民智改良社會本有一日千里之效力本縣通俗講演所雖設有巡廻講演員購有留聲機惟近年來未赴各鄉講演現時民智未開似宜照章實行方爲正辦

第二十八章　實業改進

第七十八節　改良本縣實業之意見

縣境土質尚稱肥沃氣候亦云温和加以人民勤樸耐勞實農業上之優點惜人民守舊法不思改良而專任農事者未能盡心辦理莫由以資提倡且人烟稠密土地較少百物昂貴生計艱難故一般之農業狀況趨於集約欲拯此患舍改良農業增進收入而外實無他法以資補救而工商業以城區係省城關係設立多數工廠商店固屬發達而鄉區工商業正在萌芽時代似不能不有所

提倡茲將關於實業應行設施事項畧述於下

一農業

一、宜設農事試驗場　本縣農作各物每年產量不敷食用揆其原因均係不知改良所致似宜設立農事試驗場一處擇他處之種子加以試驗檢收量成績優良者而印刷栽培方法分佈鄉農以資試種

二、宜速籌足縣立苗圃　苗圃爲植樹造林之基礎本縣苗圃尚不足五十官畝以致所播種籽種無地移植所有弱小苗木未便分配各鄉似宜早日籌足以資振興

三、宜設美棉育種場　近年來棉業發達美棉籽種缺乏近三年來實業局無棉種可以分佈鄉民因之向隅者甚多美棉育種場亟宜提前設立者

四、宜催立林蠶棉公會　林蠶棉公會關於提倡林蠶棉各事項極爲重要縣境僅設立林業公會十三處蠶棉公會二處亟應早日普設全境以補助行政之不及

五、宜設模範桑園　桑樹按新法整理者在本縣尙無實行者宜設模範桑園分栽魯桑湖桑養各種樹勢備具地桑中刈高刈樹桑等式不惟便於農民仿效且可備歷年採取接穗之用

六、果樹園急需開辦　本縣果樹各處均產之不惟品種不良且剪定栽培多未諳新法應設果園一處按新法修整以便人民仿效

七、宜設種畜試驗場　本縣南部山嶺起伏農民多牧養羊類惟剪毛量太少品種亦劣似宜設立種畜試驗購買美利諾羊種實行支配以資改良

八、宜設防禦病蟲害公會　吾歷連年荒旱且蝗蝻綿蟲爲害農產收入因之減少故民生凋敝達於極點似宜設立病蟲害公會共同討論驅除防預方法

二工業

一、宜設立家庭工藝傳習所　近年來農產歉收農民困苦已達極點宜提倡家庭工藝以資救濟惟初步辦法應先造就相當人才以備應用故家庭工藝傳習所乃維持人民生計不可稍緩之設施也

三商業

一、應提倡產業組合會　查世界各國對於小資本之商業均係利用組合以謀經濟上之活動及販賣上之利益歷邑各區商業既屬幼稚似宜首先提倡以爲發達商業之預備

歷城縣地方各機關暨各小學校職員錄 十六年底調查

機關	職別	姓名	別號	年齡	籍貫	略歷
地方財政管理處	管理員	譚叅翰	星五	五十九歲	歷城縣	前署寧陽縣及四川閬中縣知事
	文牘員	柳廷敬	愼之	五十六歲	歷城縣	清附生教育局董事
	會計員	柳式謨	顯卿	五十歲	歷城縣	法政講習所畢業
	書記員	王文藻	幼泉	五十歲	歷城縣	歷城師範講習所畢業
	董事	賈廼寬	資厚	四十九歲	歷城縣	山東師範學堂完全科畢業省立製錦市小學校董事
	董事	趙同源	星海	四十四歲	歷城縣	山東優級師範學堂畢業曾充第一中學校校長山東省長公署統計處股長
	董事	柴冠軍	傑卿	四十三歲	歷城縣	自治籌備處處長
	董事	崔少文	緒昌	四十三歲	歷城縣	山東省議會議員

教育局	局長	夏炳文	洛堂	四十三歲	諸城縣	山東優級師範選科畢業
	縣視學	周騂	剛甫	二十七歲	歷城縣	山東省立第一師範本科畢業
	縣觀學	郭甲林	子英	五十九歲	歷城縣	日本宏文師範學校畢業
	縣視學	潘德軒	子厚	四十二歲	歷城縣	歷城單級教員養成所畢業
	事務員	孫尙棟	隆吉	四十二歲	歷城縣	歷城單級教員養成所畢業
	事務員	王榮枝	伯條	二十七歲	諸城縣	山東省立第四師範本科畢業
	事務員	王冠九	以字行	四十歲	歷城縣	山東財政廳講習所畢業
自治籌備分處	處長	柴冠軍	傑卿	四十三歲	歷城縣	山東農林學堂畢業
	文牘員	蔣鴻悳	廸甫	四十五歲	歷城縣	山東高等警察學堂畢業

	董事員	柳光普	濟安	三十二歲	仝前	濟南道自治講習所畢業
	書記員兼會計	楊培榮	秀生	三十七歲	仝前	曾充各機關書記員
警察所	所長	金振武	幼軍	三十七歲	仝前	曾充歷城警備總副隊長
路政分局	議董代行局長職務	柴冠軍	傑卿	四十三歲	仝前	山東法律學校畢業
	議董	王景波	春浦	六十七歲	仝前	高家鄉區董清附生
	議董	譚奎翰	星五	五十九歲	仝前	財政管理員
	議董	張延芳	伯香	五十九歲	仝前	清附生張馬鄉區董
	議董	陳殿三	以字行	五十二歲	仝前	邵向鄉區董
	議董	孫寶生	珍庭	三十六歲	仝前	實業局局長

文牘員	孫汝霖	善甫	四十二歲	仝	前	山東法律學校畢業曾充徐海道尹公署科員
書記員	楊培榮	秀生	三十七歲	仝	前	歷充各機關書記員
工務員	王肇章	子成	三十五歲	仝	前	法政學校畢業
工務員	張懷智	印廷	四十六歲	仝	前	法政學校畢業
工務員	李鴻儒	聘卿	四十九歲	仝	前	法政學校畢業
工務員	楊彤澤	搢臣	五十歲	仝	前	法律學校畢業
工務員	魏　渭	鶴廷	五十五歲	仝	前	曾充實業局勸導員
事務員	陳恩綸	悅萱	三十六歲	仝	前	歷充各機關文牘
事務員	柳光普	濟安	三十二歲	仝	前	地方自治籌備處辦公員

	事務員	陳鐵濂	健吾	三十二歲	歷城縣	法律學校畢業
	事務員	周錦川	濟庵	四十六歲	歷城縣	法政學校畢業
	事務員	高萬華	蓮峯	五十歲	歷城縣	法政學校畢業
實業局	局長	孫寶生	珍庭	三十六歲	歷城縣	山東公立工業專門學校染色本科畢業甄錄合格工業技師
	勸業員兼辦文牘事務	賈揆	聖一	三十二歲	歷城縣	山東公立農業專門學校農本科畢業
	勸業員兼辦統計事務	劉福田	筱山	二十七歲	歷城縣	山東公立工業專門學校染織講習科畢業
	勸業員兼辦調查事務	姜式煜	耀魯	二十九歲	歷城縣	山東公立工業專門學校機織本科畢業
	苗圃管理員	張孝懿	恭甫	三十二歲	歷城縣	南京金陵大學校養蠶速成科畢業
	氣候觀測員	孫傑	俊軒	二十六歲	歷城縣	山東統計講習所畢業

	事務員	賈廷珠	荷軒	三十二歲	歷城縣	山東統計講習所畢業
	事務員	劉錫恩	鴻三	二十二歲	歷城縣	
十三區區董辦公處	主任	陳殿三	以字行	五十二歲	歷城縣	市政廳稽查員教育廳諮議邵而鄉區董
	副主任	張普清	安軒	五十六歲	歷城縣	歷城西關商業公所坐辦城區副區董
	副主任	田國楨	幹臣	五十二歲	歷城縣	歷城東梧鄉區董省長公署三等獎章
	城區區董	陳昂	仲軒	四十八歲	歷城縣	
	馬家鄉區董	王景波	春浦	六十七歲	歷城縣	清附生
	清寧鄉區董	楊啓熙	敬臣	四十八歲	歷城縣	
	洛口鄉區董	張崇德	介臣	六十歲	歷城縣	洛口鎮商會副會長

張馬鄉區董	張增祏	吉安	三十二歲	歷城縣	山東公立商業專門學校畢業
黨家鄉區董	王國士	吉人	四十八歲	歷城縣	
黃家鄉區董	季書銘	箴農	三十四歲	歷城縣	山東法政專門學校畢業
泉濾鄉區董	張毓汾	河清	五十八歲	歷城縣	省長公署三等獎章
邵而鄉副區董	刁際雲	仙艇	三十歲	歷城縣	山東礦業專門學校畢業
遙墻鄉區董	周志誠	玉芝	三十三歲	歷城縣	
老僧口鄉區董	婁維昺	文軒	三十六歲	歷城縣	
終宮鄉區董	劉希斌	文卿	三十七歲	歷城縣	
清寧鄉副區董	胥聞政	仲璇	三十六歲	歷城縣	

教育局董事會	董事	李占九	以字行	五十三歲	歷城縣	山東省議會議員
	董事	賈廼寬	資厚	四十九歲	歷城縣	山東省議會議員
	董事	崔少文	緒昌	四十三歲	歷城縣	山東省議會議員
	董事	柴冠軍	傑卿	四十三歲	歷城縣	自治籌備分處長
	董事	柳廷敬	慎之	五十六歲	歷城縣	財政管理處文牘員
	董事	周驊	剛甫	三十三歲	歷城縣	縣視學
	董事	王際昌	瑞五	四十四歲	歷城縣	山東農業學堂中等林科畢業
	董事	曾鴻鈞	銘青	五十四歲	歷城縣	教育委員會主任
教育委員會	主任	曾鴻鈞	銘青	五十四歲	歷城縣	歷任本縣師範講習所教員教育局董事會董事

委員	謝瀛昱	曉蓬	五十三歲	歷城縣	曾充小學校教員
委員	王景波	春浦	六十七歲	歷城縣	現充馬家鄉區董
委員	田國楨	幹臣	五十二歲	歷城縣	現充東梧鄉區董
委員	張芹香	以字行	三十八歲	歷城縣	曾充洛口鄉教育會長幷高等小學校校長
委員	劉振宋	文亭	四十三歲	歷城縣	曾充縣公署科員
委員	呂鳳詔	康廷	四十八歲	歷城縣	曾充各級小學教員
委員	陳殿三	以字行	五十二歲	歷城縣	現充邵而鄉區董及全縣區董辦公處主任
委員	趙玉琴	象五	五十六歲	歷城縣	曾充本里里長及本村小學校董
委員	韓炳章	彧文	三十八歲	歷城縣	曾充本里里長

	委員	扈紹文	煥章	四十七歲	歷城縣	曾充終宮鎭本村村正
	委員	王佩銘	紱三	七十一歲	歷城縣	曾充本里里長
第一區縣立第一小學校	校長	冉慶鑾	少亭	四十五歲	歷城縣	優級師範選科畢業
	教員	侯金田	麗川	三十六歲	歷城縣	第一師範學校手工圖畫專科畢業
	教員	李文漢	佩璋	三十六歲	歷城縣	第一師範學校本科畢業
	教員	王之翰	次屏	三十六歲	歷城縣	第一中學校畢業
	教員	趙爾璞	玉汝	三十八歲	歷城縣	山東高等學堂中學班畢業
	教員	姜成淦	麗生	二十七歲	歷城縣	第一師範學校畢業
	教員	張仲三	以字行	四十歲	歷城縣	單級養成所畢業

	教員	張志明	子誠	五十二歲	歷城縣	單級養成所畢業
	教員	任桐春	蔭三	二十八歲	直隸靜海縣	山東武術傳習所畢業
第一區縣立第二小學校	校長	李寶祁	次朱	二十七歲	歷城縣	山東省立第一師範學校畢業
	教員	陳鍾靈	瑞甫	四十九歲	歷城縣	濟南府中學堂畢業
	教員	高相廷	夢弼	五十三歲	寧陽縣	山東師範學堂畢業
	教員	曹宗鑑	潤庭	四十歲	長山縣	山東省立第一中學校畢業
	教員	賈括	景沈	二十一歲	歷城縣	正誼中學畢業
	教員	劉涵芳	仲溪	三十二歲	廣饒縣	山東省立第一中學校畢業
	教員	劉堃生	佑堂	二十七歲	歷城縣	山東省立第一中學校畢業

	教員	王次元	以字行	二十五歲	濱縣	山東省立第一中學校畢業
第一區縣立第三小學校	校長	秦道榕	寅卿	三十七歲	歷城縣	任職十三年迭經省長教育廳傳令嘉獎曾充歷城縣立師範講習所正科所長
	教員	許本立	道生	二十五歲	歷城縣	歷城縣立師範講習所畢業
	教員	蕭金堂	品三	二十四歲	歷城縣	歷城縣立師範講習所畢業
	教員	韓光遠	耀東	二十五歲	歷城縣	歷城縣立師範講習所畢業
	管理員	谷拱宸	以字行	三十八歲	歷城縣	山東法律學校畢業
第一區縣立第四小學校	校長	許士愷	筱文	四十八歲	歷城縣	歷城縣立單級教員養成所畢業
	教員	孟光生	自正	二十二歲	歷城縣	歷城縣立師範講習所畢業
	教員	柳光印	佩菴	二十一歲	歷城縣	歷城縣立師範講習所畢業

	教員	徐杰	漢卿	二十五歲	歷城縣	歷城縣立師範講習所畢業
第一區縣立第一女子小學校	校長	李道志	致齋	四十七歲	歷城縣	歷城縣立小學教員養成所畢業
	教員	任冠山	以字行	四十歲	歷城縣	歷城縣立小學教員養成所畢業
	教員	李靜源	坤生	三十六歲	臨沂縣	山東省立女子師範學校畢業
	教員	朱英	彥芳	三十二歲	浙江紹興	山東省立女子師範學校畢業
	教員	周芳慶	鶯笛	二十八歲	歷城縣	山東省立女子師範學校畢業
	教員	趙淑萱	景濂	二十七歲	歷城縣	山東省立女子師範學校畢業
第一區城立第一模範學校	校長	姜樹藝	怡庭	四十八歲	歷城縣	師範講習所畢業
	教員	亓迺坤	孝堂	四十歲	歷城縣	師範講習所畢業

	教員	趙丕承	繩武	二十四歲	歷城縣	山東商業專門學校畢業
第二區縣立第一小學校	校長	張芹香	以字行	三十八歲	歷城縣	曾任歷城縣立師範講習所教員現充歷城縣教育委員歷城縣路政局委員
	教員	王兆庚	金秋	二十三歲	歷城縣	山東全省工藝傳習所文牘員
	教員	蔣蔭堂	以字行	二十一歲	歷城縣	
	教員	張清泰	蠡峯	二十四歲	歷城縣	
	教員	許本立	道生	二十八歲	歷城縣	歷城師範講習所畢業
第二區縣立第二小學校	校長	程德麟	祥紱	四十五歲	歷城縣	曾充小學校教員
	教員	魏承善	伯言	二十四歲	歷城縣	曾充小學校教員
	教員	沈祖禹	績符	二十三歲	歷城縣	

第五區縣立第一小學校	校長	崔少文	緒昌	四十四歲	歷城縣	歷城縣立單級教員養成所畢業
	教員	王藍田	玉甫	四十八歲	歷城縣	歷城縣立單級教員養成所畢業
	教員	王開峋	秀生	三十二歲	歷城縣	山東省第一中學校畢業
第二區縣立第一小學校	校長	劉連玉	蘊山	五十一歲	歷城縣	前登州文會館畢業
	教員	楊鳳登	先秋	二十歲	歷城縣	歷城師範講習所畢業
	教員	李振江	濯清	三十一歲	歷城縣	山東農業學校畢業
	教員	党毓孝	景曾	二十四歲	歷城縣	曾充小學校教員
第二區縣立第一小學校	校長	劉明昱	耀亭	三十二歲	歷城縣	曾充小學校教員
	教員	李心恭	敬軒	四十三歲	歷城縣	

	教員	焦延榮	仁卿	三十三歲	歷城縣	
	教員	趙士璋		二十五歲	歷城縣	正誼中學校畢業
	教員	黃立仁		二十三歲	歷城縣	
第六區鄉立第一小學校	校長	韓少華	以字行	二十六歲	歷城縣	山東武術學校山東正誼中學畢業
	教員	陳倖九		四十六歲	歷城縣	
第六區鄉立第二小學校	校長	高殿英	匯東	四十二歲	歷城縣	山東師範學校畢業

民國十七年十月付印
月出版

非賣品

歷城縣鄉土調查錄

編輯者　孫寶生

印行者　歷城縣實業局

代印者　濟南北洋印刷公司
普利門外路北
電話二四〇五號

《歷城縣鄉土調查錄》影印說明

《歷城縣鄉土調查錄》，孫寶生編，民國十七年（一九二八）一月由濟南北洋印刷公司排印，歷城縣實業局印行，鉛印本。編者孫寶生，字珍庭，歷城人。山東公立工業專門學校染色本科畢業，經甄錄授為工業技師。在任職歷城縣實業局局長期間，採納邑人張文貞「設局續修邑乘」的建議，遂「就十四年山東省長公署通令調查鄉土方式為藍本而增加門類」，於民國十六年秋完成了這部「民國以來歷城簡略地志」。

《歷城縣鄉土調查錄》記述了民國元年至十六年（一九一二—一九二七）間歷城縣有關社會、典章、文物諸方面的概況，所記述的時間範圍大抵與《續修歷城縣志》相銜接，故而可視為《續修歷城縣志》的續編。《歷城縣鄉土調查錄》與前面所述及的《續修歷城縣志》等在編纂體例上有較多的不同，可謂特色獨具。與《續修歷城縣志》等方志體例相比缺人事部分，但就自然與經濟部分的資料而言尚屬翔實，書中輯錄的一些新政資料尤其可貴。

《歷城縣鄉土調查錄》全書共分為概況、政務統計和結論三編；每編之下又分為若干章，共二十九章；而每章之下再分為若干節，全書共七十八節。譬如第一編「概況」下，分為概要、機關、賦稅、民情、防衛、外交、報業、教育、農業等二十二章，而在「交通」這一章下再分為郵政、鐵道、電報、電話、道路、航行等六節。該書對輯錄內容進行如此細密的分類，使讀者檢索本書內容時有「一索即得」之感。

該書儘管分類如此細密，但每節下所記述的內容卻十分簡略。譬如在記錄當時濟南出版的《濟南日報》《大東日報》等十二種報紙時，僅極其簡略地介紹了報紙名稱和報社地址，但在當時來説卻頗具實用性。在該書第二編「政務統計」中記載了有關内務、財政、教育、實業、物價等五大方面的各類統計報表，便利讀者了解當時濟南各行各業的概貌。應當指出的是，《歷城縣鄉土調查錄》中的調查記錄有些錯誤，使用時應注意。

濟南市圖書館所藏《歷城縣鄉土調查錄》紙張酸化、老化嚴重，又是民國時期出版的一部較為系統反映濟南地方文化的書籍，因此被頻繁查閱，原書損壞嚴重，書頁一碰即碎，故此重版，以利使用。

濟南市圖書館和濟南出版社為了保存該書原貌，對《歷城縣鄉土調查錄》採用仿真影印的再造方式重印再版。既能將這一文獻化身千百，永無失傳之虞，又可廣泛傳播，便於披覽研讀，從而達到「繼絕存真，傳本揚學」的目的，解決了館藏文獻藏與用的矛盾。

濟南市圖書館　濟南出版社

二〇一六年三月

圖書在版編目（CIP）數據

歷城縣鄉土調查錄 / 孫寶生編. -- 濟南 : 濟南出
版社, 2016.3
ISBN 978-7-5488-2030-7

Ⅰ. ①歷… Ⅱ. ①孫… Ⅲ. ①歷城縣－地方志－民國
Ⅳ. ①K295.24

中國版本圖書館 CIP 數據核字（2016）第 047934 號

歷城縣鄉土調查錄 孫寶生／編

責任編輯 戴梅海 李 哲
裝幀設計 戴梅海

出版發行 濟南出版社
地 址 濟南市二環南路 1 號 250002
網 址 www.jnpub.com
電 話 0531-86131726
傳 真 0531-86131709
經 銷 各地新華書店

印 刷 濟南黃氏印務有限公司
成品尺寸 185×280 毫米
印 張 14.25
字 數 92 千
版 次 2016 年 3 月第 1 版
印 次 2016 年 3 月第 1 次印刷
定 價 198.00 元
發行電話 0531-86131730/86131731/86116641
傳 真 0531-86922073